현대신서
68

호모사피엔스에서
인터랙티브 인간으로

FORESEEN 연구소

공나리 옮김

東文選

호모사피엔스에서 인터랙티브 인간으로

Foreseen 연구소에 의한 연구와 토의

Foreseen 연구소는 Havas Advertising 그룹 회장 알랭 드 뿌질락이 창립한 사회학적 경향 관찰을 위한 국제연구소이다. Havas Advertising은 유럽 제일의 그룹이며, 통신 분야에서 세계 제8위를 차지하고 있다. CCA[1]의 창립자인 베르나르 카틀라가 이 단체를 지휘하고 있다.

Foreseen 연구소의 작업에는 다음 사람들이 협력하였다.

베르나르 까뜰라(CCA)
마이크 버크(CCA)
로베르 엡기(CCA)
까미유 파스칼(EHESS[2])
아니 프로스트(Havas Advertising)

차 례

머리말

예측이라는 것은 간혹 실망스러울 때가 있는데, 이는 아마 그것이 흔히 과거에 대한 일반화와 미래에 대한 꿈에 불과하기 때문일 것이다.

그러나 오늘날처럼 급변하는 세계에서 21세기의 첫 10년간을 더 지혜롭게 대처하기 위해서는, 현재 진행중인 격변을 이해하고자 하는 노력보다 더 필요한 것은 없다.

사회학적 추세를 관찰하는 국제연구소인 FORESEEN이 Havas Advertising에 의해 설립된 것은 이러한 겸허하고 멋진 야심에 따른 것이다. 변혁은 필요한 것인 만큼 우리 사회 내부에서 생겨나는 조류들을 탐지해 내기 위해 무장하고, 아직 태동 단계에 있는 사고의 새로운 방식들과 개인적이며 집단적인 형태들을 밝혀내며, 어쩌면 미래를 지배하게 될 자들에 대해 가정을 해보는 것은 지혜로운 일이다.

우리가 새로운 밀레니엄뿐만 아니라 엄연하게 새로운 문명으로 접어든다는 것을 분명하게 인식해야 한다. 향후 20년 동안 우리가 맞이하게 될 변화들은, 지난 200년 동안 진행되었던 변화들보다 실제로 더 중요하게 될 것이다.

오늘날 진행중에 있는 쟁점들을 이해하기 위해서 못지않게 중요한 지표들이라고 할 수 있는 현재의 변동들에 대하여 분석가들이 정기적으로 그들의 설명을 제공하고 있기는 하지만, 우리는 FORESEEN 연구소와 더불어 우리 사회에서 태동하여 미래에 결정적인 역할을 하게 될 사회학적 움직임들을 조사함으로써 보다 앞서 나가기를 원한다. 왜냐하면 우리들이 지켜보게 될 기술적이며 과학적인 진보를 넘어 우리의 생활 양식들과 우리 사회의 구성 자체가 수정될 것이기 때문이다. 그리고 그와 함께 틀림없이 그것들을 결속시키고 형성시켰던 가치들 중의 일부도 수정될 것이기 때문이다.

우리의 많은 작업들은 베르나르 까뜰라와 C.C.A. 연구원들의 엄격한 감독하에 있는 커뮤니케이션 그룹인 Havas Advertising팀들의 일상적인 작업을 토대로 하고 있다.

우리는 사실 광고인들처럼 공급적인 측면에서, 경제 생활과 공공 생활을 이끌어 나가는 주역들의 필요성과 수요적인 측면에서, 소비자들과 시민들이 바라는 기대감의 교차점에 위치할 수 있는 행운이 있었다.
63개국에 걸친 연구원들의 활동 덕분에, 우리는 세계적인 차원에서 우리 사회를 변화시키게 될 이러한 추세들을 깊숙이 파악할 수 있었다.

FORESEEN 연구소와 더불어 우리는 예측을 하자는 것이 아니라, 미래를 준비하는 자들로 하여금 보충적인 성찰의 요소들을 비롯해, 그들을 에워싸고 있는 세계에 대한 보다 넓은 이해를 지닌 상태에서 행동하고 앞날을 맞이하게끔 하기 위해서 우리들이 관찰하는 것을 활용하자는 것이다.
어느 누구도 미래가 우리를 위해 무엇을 준비하고 있는지 예측할 수는 없을 것이다. 그러나 그것은 인간들이 결정하는 바대로 될 것이라는 점은 분명히 하도록 하자. 그렇기 때문에 우리는 오늘날 우리 사회를 건설하는 주역들인 기업 세계, 공직 사회, 그리고 지식인 사회의 지도자들이 우리가 밝혀낸 거대한 추세들에 대하여 그들의 시각과 확신들을 나타내 주기를 원했던 것이다.

그들은 바로 자신들이 실천에 옮길 행동을 통해서, 위축됨이 없이 아직은 불확실한 모습을 지니고 있는 이 새로운 세계로 우리를 이끌고 갈 수 있는 능력을 갖게 될 유일한 자들이다.

우리의 야심은 결국 FORESEEN 연구소와 더불어, 이제부터 미래가 필시 어떻게 될 것이라는 시각을 가져 보자는 간단한 말로 요약될 수 있을 것이다.

알랭 드 뿌질락

서 론

테크놀로지의 진보 인터랙티비티[3]...
그러나 사회문화적 대변혁

인터랙티비티는 새로운 단어이다. 이 단어는 불과 몇 년 전까지만 해도 거의 사용되지 않았고 알려지지도 않았던 단어이다. 이 단어는 오늘날 새로운 현대성을 상징한다. 비록 그 단어와 인터랙티비티의 개념은 컴퓨터 시스템의 일반화와 정보 통신 분야에서 새로운 기술의 비약적 발전과 함께 1990년대초에 출현하였지만, 그 현상 자체는 물물 교환처럼 오래 된 것이다.

2명의 존재 사이에 관계가 이루어지는 이상 인터랙티비티는 항상 생겨나는 것으로 간주할 수 있다. 오늘날 인터넷 혁명과 더불어 이러한 관계 혹은 인터랙티비티는, 기계와 컴퓨터·TV 혹은 전화라는 매개를 통해 세계적인 차원에서 정보의 즉각적인 유포를 가능하게 해준다.

따라서 인터랙티비티는 무엇보다도 하나의 사회적인 기능이며, 인간 상호간의 소통이 잦고 가까울수록 더욱 중요하게 된다. 이러한 소통은 극도로 관습화되거나, 혹은 산업화 이전의 사회에서 오랫동안 그랬던 것처럼 매우 엄격한 방식으로 조건지어질 수 있다.

우리 산업 사회에서 개인주의는 단체·가족·민족 집단에까지 퍼져 있다. 개인주의와 거기에서 파생되는 사회 관계의 분열은 역사상 지금처럼 폭넓게 퍼져 있었던 적이 없다. 사회는 더 이상 하나의 통합체가 아니라 조각난 개인성의 집합일 뿐이다. 전통적 가족의 붕괴, 이주, 비인간적인 도심 지역으로의 수직적 집중, 도덕적인 용인, 관념론과 종교의 쇠락 등, 이러한 요소들의 종합은 인간 관계를 축소시켰고, 따라서 사람들간의 인터랙티비티의 수준을 낮추게 되었다.

대중 매체의 세상에서도 인터랙티비티는 겉보기와는 달리 제한되어 있다. 라디오는 간혹 애청자들에게 발언권을 줄 때도 분명히 있지만, 그것은 일반적으로 그들에게 증언의 기회를 주거나 자기 입장의 표명을 위한 기회를 주기 위함일 뿐이다. 따라서 라디오에서 대화란 더욱 흔하지 않다. 잘 선별된 독자의 편지는 신문의 편집 구조에 전혀 영향을 미치지 못하고, TV 또한 모든 사람들이 보는 것이지만 흔히 자기 자신을 보는 것으로 그친다. 이러한 출판물이나 TV는 한정된 의미에서의 통신 매체일 뿐 인터랙티비티는 결여되어 있다.

자주 있는 것은 아니지만, 정기적인 선거 기간은 시민들에게 그들의 대표자들과 정부와의 상호 작용을 할 수 있는 유일한 기회를 제공한다. 그러나 유권자들은 점점 더 지나치게 경직된 정당들 가운데서 틀에 박힌 선택을 해야 하는 것에 불만을 보이고, 시민들은 대다수가 그들의 어떤 말도 '멀리 떨어진 위성 궤도 위에' 있는 정치 도구에 의해 받아들여지지 않을 것이라는 인상을 받게 된다.

따라서 테크놀로지의 혁명은 새로운 인터랙티비티의 필요가 강력하게 나타나는 시점에 이른 것이다. 그것은 일상의 모든 분야, 즉 사회 생활과 기업·상업에 모두 그대로 하는 필요성인 것이다.

이러한 인터랙티비티의 수요에 따라 생겨난 기술적인 도구들은 최초의 산업 혁명으로부터 태어난 세계 조직과 사회 관계를 전복시키게 될 것이다. 통신 분야의 새로운 기술 주변으로 퍼지고 있는 열광은 심층적인 문화적·심리학적 혁명을 예고함과 동시에 산업 사회와 교류, 사무, 정치 세계의 변혁을 예고한다.

인터랙티비티가 예전부터 계속 존재해 왔다고는 하지만 그것은 아직 인간적인 규모에 지나지 않았었다. (예를 들어 전화·팩스·우편·TV·라디오 등.) 그것은 사람 개개인을 직접적으로 엮는 '수공업적인' 상호 작용이었던 것이다.

미래에 더욱 강력해질 인터랙티비티는 전혀 다른 성격을 지니게 될 것이다. 이 새로운 인터랙티비티는 기계에 의해 공업화되고 결합되는 상호 작용이 될 것이다.

이것은 19세기 산업 혁명과 흡사한 변혁을 가져올 것이다. 기계화는 에너지와 권력의 집중을 조장하였지만, 새로운 통신 테크놀로지의 혁명은 분산이라는 반대의 효과를 가져올 것이다. 재택 근무, 전자 카탈로그, 대중 매체의 분할, 산업의 탈집중화는 이러한 대변혁의 초기적 지표들이 된다.

이러한 테크놀로지의 급격한 번창은 인간 생활을 태도·습관·동기와 정치적·직업적·시민적 상황에서 어떻게 바꿔 놓게 될 것인가? 만약 개인 각자가 기술적인 투표로 자신의 의견을 발표하고 직접적인 행동을 할 수 있다면 어떻게 될까?

만약 인터랙티비티의 테크놀로지가 기업들을 해체시키고, 미래의 의사 결정이 보다 가까운 현장에서 이루어진다면 기업과 노동의 재정비는 어떤 방향으로 나아가야 하며, 또한 어떻게 적응해야 할 것인가? 권력은 새로운 조직망 내의 어디에 위치할 것이며, 경영은 새로운 의사 결정자의 대량화에 맞서 어떤 역할을 수행해야 할 것인가?

소비의 측면에서 볼 때, 만약 전자 쇼핑센터가 점차 사무실과 시내 은행·상가·여행 안내소 등을 대체한다면 생활 방식에는 어떤 결과가 초래될 것인가?

구매자의 기호에 맞춘 선전이나 판매 촉진전이 소비자에게 그들의 TV나 컴퓨터 혹은 전화를 통해 직접적으로 소개된다면, 판매 구조나 물품의 유통은 어떻게 변화하게 될까?

따라서 이것은 기술적인 진보를 넘어 근본적인 사회문화적 대변혁을 예고하는 것이다. 이러한 대변혁으로 우리를 이끌 주역들의 관점과 아울러 사회학자의 시선이 어떤 것인가를 알아보는 것은 새로운 인터랙티비티의 문명을 조명하고, 의사 결정의 주역들에 의해 행해질 핵심적인 적응 방법을 밝혀내기 위해 필수적인 일이 될 것이다.

사회학자의 시선

사회학적 추세의 진단

1

인터랙티브 인간을 향하여

원거리 텔레 통신의 인터랙티브 네트워크를 통해 생성되는 현상들은 우리 문명의 모든 양상과 관련된다

▶ 테크놀로지 분야

우리가 지금까지 서로 다른 것으로 생각해 왔고, 또한 각각 따로 떨어져서 기능해 온 테크놀로지의 관계 구축과 도구망 구축은 진정한 '정보 산업적' 혁명을 가져온다.

이러한 테크놀로지의 새로운 조합은 우리가 매스 커뮤니케이션에서 '일 대 일'의 인터랙티브 커뮤니케이션으로 이행하도록 하며, 이것은 정보 제공의 형태와 의사 소통·놀이·학습·소비·일의 조직 방법과, 심지어 TV를 보는 방식까지도 근본적으로 바꾼다.

▶ 인간공학 분야

오늘날 인터넷 항해에 대해 많은 사용자들이 아직까지 접속의 용이성이나 편리함, 언어의 자연스러움 혹은 사용 방법의 편이성의 측면에서 불편함을 느끼는 것으로 나타난다. 그러나 테크놀로지의 발전은 인터넷 항해를 보다 인간 모두를 위한 것으로 하루하루 변화시키고 있으며, 이미 인터랙티브 TV는 인공 지능 개발 시스템이 미래에 가져다 줄 접속의 용이함과 사용의 간편함을 미리 보여 주고 있다.

▶ 경제 분야

현재는 보급 장비인 네트워크와 서버의 점유를 위한 경쟁이 주요 쟁점이 된다. 기업주들은 비용의 인하와 보다 대중화된 네트워크 접속 가능성으로 네트워크와 서버 점유의 자연스러운 일반화에 내기를 건다.

이것은 소비재와 서비스업, 마케팅과 커뮤니케이션을 위한 소비자 정복의 새로운 전쟁이고 유통의 새로운 조직망이며, 뛰어넘어야 할 새로운 경계인 것이다.

또한 기업에서는 업무와 그 조직에 대한 새로운 개념이 생겨나고, 생산성의 원천과 개인 행동의 자유 획득에 관한 분야 쪽으로 책임의 이동이 있을 것이다.

과거: 권력은 중심에 위치했었다. 즉 정보를 보유하고, 기업의 전략을 결정하며, 본래 그렇게 제한되어 있는 주변 구조의 발의권 정도와 전술을 결정하는 사람들에 의해 장악되어져 왔다.

오늘날: 경영자는 더 이상 혼자 이끌어 갈 수 없다. 그는 그 자신이 정보를 얻기 위해서 정보를 제공해야만 한다. 그는 언제나 직원들의 형편을 알고 있어야 하고, 거기에 맞게 맞추어야 한다.

인터랙티비티가 변화시키는 것: 왕래라는 말의 표준적인 고유한 의미 대신 다른 의미를 가능하게 하면서, 인터랙티비티는 기업의 기능과 그 조직에 있어서 많은 변화를 조장할 것이다.

내일: 인터랙티비티는 기업에 있어서 계열사와 작업장, 분화된 부서들로 하여금 세상에 있는 무한한 잠재적인 대화자들과 접촉할 수 있게 할 것이다. 경험의 나눔과, 지식과 효율성의 나눔 속에서 생겨나는 새로운 수평적인 동맹들은 우리가 오늘날까지 습관적으로 여겨왔던 대로의 기업의 구조적인 기능에 대해 다시 한 번 문제를 제기할 것이다.

▶ 정치적 분야

과거: 권력과 말은 국민과 권력 사이에서, 노동자와 지도층 사이에서, 또한 독자와 정보 사이에서 **제도적 혹은 사회적 조정자들을 대표하는 것이었다.** 국민들은 수동적이었고, 침묵하는 다수라는 이름하에 모든 '책임자' 들은 자신의 생각을 표명하여야만 했다.

오늘날: 제도의 위기는 또한 대표하는 것의 위기이다. 권력은 너무나 멀고, 너무나 익명적이며, 너무 이성주의적이며 테크노크라트적이다.

의사 결정에 있어서 협력자가 되고자 하는 것과 강제권을 가지고 싶어하는 바람이 많이 확대되었다. 하지만 이러한 참여 의지는 두 선거 사이의 정보에 마침표를 찍는 모의 여론 조사로 축소된 우리 산업 사회 속에서 그 표현 방법을 아직 찾지 못하고 있다.

인터랙티비티가 변화시키는 것: 인터랙티비티는 우선 개인에게 주어지는 모델이다. 그것은 주체의 위상에 혁신을 가져올 것이다.

인터넷 항해자나 전자 상거래의 구매자, 혹은 가상 박물관의 관람객들에게 있어서 우선적인 것은 무엇보다도 한 개인으로서, 그리고 완전한 사회적 주역으로서 인정받고 행동하는 것이다. 그것은 커뮤니케이션과 직접적인 표현의 욕구, '실시간' 속에서 가장 개인적인 필요의 즉각적인 만족, 발신인인 동시에 수신인도 된다는 것, 또한 즉각적인 조회(talk back)로 이루어지는 매스미디어의 성립에 의해서 가능한 것이다.

간단히 말하자면, 그것은 커뮤니케이션의 세계에 출현하는 개인이 가지는 답변과 개입의 권리이다. 커뮤니케이션의 세계는 '발신인에서 수신인을 향하여'라는 특별한 의미로 되어가는 경향이 있다.

사회정치적 관건은 따라서 대부분 중기적인 것이 될 것이다. 의도적으로 완벽하게 개인주의적인 교류를 기본으로 하는 새로운 사회건설적 응집을 어떻게 재건할 것인가?

내일, 정치에서의 인터랙티비티: 정치 분야에서 인터랙티비티는 새로운 시민권을 위해 격리성을 없애게 될 것이다. 그것은 거칠고 반응적인 의견(자극과 반사적인 말에 대한 답변)에서 가공되고 만들어진 공적 판단을 위한 표현으로 나아가는 것이고, 또한 새로운 사회적 응집과 인식의 확립을 위한 것이다.

그것은 탈집중화와 불필요한 분쟁의 중화와 합의를 위한 공식화에 기초하는 새로운 사회적인 경영이다.

또한 그것은 권력의 고루한 관행에 의해, 국민의 눈에 낡고 오래 된 것으로 비치는 것들보다 사회적으로 훨씬 효율적인 여론을 위해 새로운 매개체를 자연스럽게 개발하는 것이다.

▶ 철학적 분야

우리는 세상을 걱정하는 새로운 방법과 한자리에 있다.
현실에서 시간상의 가까움은 즉각적인 것에 대한 과도한 집중을 유발시킨다. 그것은 후퇴 없이, 비판 정신도 없이 '메시지라기보다는 마사지'(McLuhan[4])의 느낌으로 이루어진다.

• 그것은 새로운 종교인가?
마나[5]의 신화는 다음과 같은 연속적인 접속에 매우 잘 적용될 수 있다. 교류의 성격에 따라 만남은 파트너 각자를 풍요롭게 할 수도 있고, 반대로 궁핍하게 할 수도 있다. 다소 장기적인 관점에서 우리는 전자(電子) 종교를 생각해 볼 수 있다. 그러한 신비로운 접속은 우리를 진정시키고, 회복시키며, 고귀하고 카리스마적인 대화자들에 의해 암시되는 강한 행복을 얻게 한다. 이 대화자들의 사회적 지위는 마치 직접적으로 구축되는 소시오그램처럼 그것에 접속하는 사람수에 따라 점차 커지게 된다.

• 그것은 새로운 자아, 즉 '기계적인 주체'이다
육체와 정신에 대한 새로운 개념이 생긴다. 즉 주체의 위상이 가상 자아나, 혹은 인터랙티브 자아로 변형되어 가는 것이다.
이러한 일차적인 나르시스적 만족은 주체의 진정한 수락도 없이 타협적인 분석에서 나오는 커뮤니케이션 기술과 평행한 위치에 놓이게 된다. '긍정적인 두드림'이라고도 할 수 있는 이 현상은 정신행동적 스테레오타입으로 축소되는 주체에게 있어서 긍정적인 어루만짐이 된다. 스크린 앞에서 육체는 점차 사라져

가고, 부분적이고 순간적인 만족을 찾아나선 '기계적인' 주체
에 자리를 내주게 된다.

• 그것은 새로운 언어이다

컴퓨터 용어를 넘어서 우리는 언어에 있어서 새로운 연관성을
일별할 수 있다. 그것은 문어나 구어에 관한 것이 아니라, 매우
주관적이고 즉각적이며 반사적인 담화의 자연스러운 기록에 관
한 것이다. 그것은 마치 탁구 경기나 '급습'과 같은 대화에서의
순수한 배출처럼 보일 수도 있다. 중요한 것은 응답의 신속성과
공격성, 상대편의 움직임에 매우 짧은 시간에 대답할 수 있다는
것과 쌍방향 대화 속에서 '위트'에 해당하는 말의 기술이다.

▶ 생활 방식 분야

변혁은 이미 진행되고 있다.

인터랙티비티는 미국의 '케이블 상점'을 통해 판매되고 있는
폴란드제 재봉틀을 영어를 읽고 구입할 수 있는 능력으로 말할
수 있다.

그것은 《홍콩 데일리 뉴스》지의 소식들을 실시간으로 읽을 수
있는 것이고, 《플레이보이》지의 미녀 사진들을 다운받을 수 있
는 것이다.

그것은 어떤 메시지를 언제 어디서든 누구에게나 보낼 수 있
는 능력이다.

그것은 또한 자동차 경주가 방영되는 7개 채널을 왔다갔다하
면서, 자기 스스로가 포뮬라원의 그랑프리를 만들어 내는 연출
자가 될 수도 있는 것이다.

이러한 새로운 가능성들이 아직 실질적으로 긴요한 것은 아니

라 하더라도 매일 조금씩 더 우리를 유혹하고 있다. 왜냐하면 진정한 변혁은 자유와 무한한 선택, 새로운 테크놀로지가 제공하는 세상으로의 열린 문에서 느껴지는 감정이기 때문이다. 우리가 무제한적으로, 또한 아무런 구속 없이 느낄 수 있는 것은 바로 가상 공간 속에서 우리 생활의 잠재적 가능성이 엄청나게 복잡다단해지는 것이다.

▶ 사회학적 분야

인터랙티비티는 또한 문명의 변혁이다.

그것은 개인이 인간 공동체와 세계로 들어가는 방법의 변화이다.

우리가 세상 어느 구석까지도 모두 접속할 수 있다면, 동네·마을·도시·국가 같은 생활 공간은 어떻게 될까?

우리가 언제 어디서나 누군가를 부를 수 있고, 또 우리 자신이 불려질 수 있으며, 구매하고 투표할 수 있다면, 시간표나 생활 리듬은 어떻게 될까?

우리가 다양한 지역에 속하고 제한적인 책임을 갖는 공동체 집단에 여러 군데 가입한다면, 구속력을 갖는 사회적 그룹은 어떻게 될까?

물건을 파는 점원이나 교수, 서비스업 종사자, 스튜어디스나 변호사의 직업적 노하우는 어떻게 될까?

교사와 학생 사이의 상호 작용이 스승과 제자간의 위상을 뒤섞어 놓을 때, 학교와 교사의 임무는 어떻게 될까?

예술가, 문학가, 예술 작품의 작가, 위대한 사상가들은 그들의 청중들이 그들의 작품을 수정하고 재분해하고, 보완이나 왜곡을 하는 것이 허락된다면 어떻게 될까? 아마도 그들은 예술가들의 작품에 공저자로서의 서명을 하게 될지도 모른다.

우리가 자신의 소파에 앉아서 3차원 그림으로 여러 곳의 하이퍼마켓을 둘러볼 수 있게 되고, 자기 생활 방식에 가장 적합한 물건을 고르기 위해 전문 시스템의 도움을 받을 수 있다면 아케이드나 소규모 상점 주인들은 어떻게 될까?

의사 결정이 이처럼 인터넷 검색자들로 인해 극단적으로 탈중심화된다면 기업이나 작업실·사무실은 어떻게 될까? 각각 다른 연구소의 연구자들이 서로 전혀 마주침 없이 일하게 된다면, 또한 노동자들의 대부분과 간부들까지도 집에서 일하게 된다면 어떻게 될까?

새로운 테크놀로지와 이 분야 거대 기업가들의 역동적인 의지는 단순히 신제품이나 새로운 서비스 시장으로 향한 길로 우리를 이끌 뿐만 아니라, 직접적으로 사회 관계와 집단 생활의 구조, 즉 우리 각자가 자신과 세상에 대해 가질 수 있는 이미지에 영향을 미치는 하나의 변화를 시작하고 있다.

2

인터랙티비티 : 사회문화적 대변혁

**인터넷상의 인터랙티브 텔레커뮤니케이션 도구들은
진정한 문화적 혁명의 씨앗을 안고 있다**

이러한 혁명은 '연결하기'에 존재하고, 우리 문명의 근본에 영향을 미친다.

장소와 사물들은 가상 이미지가 되는 과정에서 본질적으로 변화한다. 접속자가 직접 그것들을 변경시킬 수 있다. 세상은 그 자체가 변화를 겪는다. 더 이상 세상에는 거리와 시간차, 혹은 어떤 공간을 뛰어넘기 위한 기간이나 정해진 영역·국경 등이 존재하지 않는다. '여기' 혹은 '저기'라는 말은 더 이상 아무런 의미가 없다. 세상은 하나의 네트워크에 지나지 않는 것이다.

지금까지의 테크놀로지의 발전은 이미 분명 무시할 수 없을 만큼 이동과 커뮤니케이션에 있어서의 지연성을 단축시켰다. 하지만 현재는 그것을 아예 없애 버리는 것이 문제가 되고 있다.

그것은 우선 세계를 재현해 내는 모델에 있어서 큰 변화를 가져오는 것과 관련된다.

포스트모더니티는 인터넷을 통한 정보 관리에 관한 것이 아니라, 이러한 정보의 해석에 관한 문제를 제기하고 있다.

사실 이젠 더 이상 유명하고 믿을 만한 정보란 존재하지 않는다. 최초의 발신인은 점차 사라지고, 서명자가 없는 정보의 중계

자로 나타날 뿐이며, 이것은 인터넷상에 떠 있는 모든 것들에 있어서 인증의 문제를 야기한다.

바로 이러한 사회기술적인 미래 연구에서 진정한 정신적 혁명의 씨앗이 잉태되는 것이다.

멀티미디어의 인터랙티비티에는 고유한 학습장이 있다. 멀티미디어 인터랙티비티는 전통적인 교육 체계와 겨루게 되었고, 유아원에서부터 체계적인 면에서 완전히 반대로 나아가고 있다. 뮤직 비디오와 비디오 게임은 심리적 동인을 형성하는 새로운 즉각적인 반응을 조장하고, 화면 위의 일시적인 가상 현실에 서서히 길들여지게 만든다. 세가와 닌텐도가 무시할 수 없는 스승이며, 마이크로 정보 처리와 미니텔도 마찬가지이다.

네트워크상의 실시간 인터랙티비티는 철학을 갖고 있다. 그것의 위대한 독창성은 잠재적 소비자들에게 문화적 모험, 자유로운 공간, 탐험의 새로운 세상, 가장 자발적인 창조성의 폭로자로서의 기능을 하기 때문이다.

컴퓨터 산업과 마이크로 컴퓨터 산업의 탄생은 기능주의자와 실리주의자의 신화, 즉 극도로 발달된 과학과 산업의 로봇화, 로봇 산업 등을 강조해 왔다. 멀티미디어와 인터랙티브 그물망은 오늘날 상상적인 것의 기치를 휘두르면서 반대로 나아가고 있다. "마음 내키는 대로 세상을 탐험하고, 당신의 환상에 따라 세상을 수정하시오!"

오늘날 다양한 분야에서의 쌍방향 멀티미디어 텔레커뮤니케이션의 강력한 발전은, 고도의 열광에 의해 마이크로 컴퓨터 산업 시장에 대한 경쟁적 활동으로 향하고 있다. 서비스업과 상업·전자 우편 서버들은 대학 정신과 자유실용주의 정신을 가

진 이 도구를, 볼거리와 문화·소비재로 가득 찬 지구촌 슈퍼마
켓으로 변화시키고 있다.

인터넷 인터랙티비티가 제공하는 '소비자의 이익'은 하나의
사회문화적 시나리오가 될 수 있다.

▶ 새로운 테크놀로지의 공급은 국민 속에서 참여적인 인터랙티비티의
수요와 만난다

눈에 보이지 않는 사회문화적 조류는 존재하며, 그것은 원거리
간 텔레커뮤니케이션의 실제적 인터랙티비티 발전을 조장한다.
지난 30년간의 문명은 대형 도시, 국가나 구조, 기업이나 인간
적인 규모를 넘어선 상업 등에서 항상 보다 개인주의적이고 잡
다한 생활 방식의 발전을 추구해 왔다.
90년대의 문화·경제적 위기와 함께 개인들은 깊은 익명성의
고립을 느꼈으며, 너무 멀리 있는 제도에 대한 포기와 정글 규
칙 속에서 연대 의식의 부재를 느껴왔다.
무관심한 세상 속에서 '아무것도 아닌 존재'임을 느끼고, 멀
고 추상적인 절대적 권력에 의해 하나의 사물로 조작된다는 느
낌은 점점 더해 가고 있다.

익명성으로부터 나오는 좌절에서 개인화된 참여의 필요가 생
겨난다. 그것은 바로 '무엇인가로 여겨지는' 것의 필요성이다.
 * 정치와 사회 생활에서 우리 생활의 조건을 변화시킬 수 있
   는 모든 것에 대해 미리 자문을 구하는 것.
 * 기업에서의 어떤 결정에 앞서 제도적 대표자들뿐만 아니라
   근로자들과 함께 사회적 대화를 가지는 것.

* 미디어에 있어서 우리가 독자와 시청자일 뿐만 아니라 배우
  의 한 사람이 되는 것.
* 소비재와 우리가 구입하는 물건이나 서비스에 있어서, '카
  드'로 주문하는 것에서부터 대규모 주문 생산에 이르기까지
  우리는 '맞춤' 개인화를 갈망한다.

이러한 참여적 개인화의 물결은 인터랙티비티가 온갖 형태로 실행되는 것을 가능케 한다. 왜냐하면 바로 인터랙티비티의 수요에 의해서 수신인 · 대중 · 청중 · 소비자가 주인공 · 발신인 · 투자자가 될 수 있기 때문이다. 또한 이들은 그들의 후원자와 관련 기관에 영향력을 행사한다.

이러한 사회적인 추진력은 전자 인터랙티비티를 가능케 하고, 또한 인터랙티비티의 필요는 주로 인간적인 차원에서 사용의 간편성, 친밀감, 안정적인 근접감, 상호적인 신분 확인과 존재감, 인간적인 열기를 느끼게 한다.

기업체 내에서 사람들은 전자 우편의 실용화가 직업적이고 일상적인 접촉을 쉽게 해준다 하더라도, 내부적인 커뮤니케이션에 의한 고급 잡지나 모든 사원을 하나로 연결하는 사내 규약보다는 사주의 직접적인 방문을 더 좋아한다.

대중 매체로서, 라디오의 FM은 매일 즉각적이고 인간적인 카리스마를 우선으로 여기는 수공업적 인터랙티비티를 제공한다.

현대의 대형 산업 사회에서 우리는 예전보다 기능적인 면은 덜하나, 보다 정서적인 인간성을 재도입해야 할 것이다.

전자 인터랙티비티는 어느 정도의 휴머니티와 감정적이고 정서적인 분위기를 도입하는 능력과, 접속 사이트와 그 접속자들 간의 친밀감과 근접성의 감정을 함양시키고, 생활을 단순화하며,

일상적인 사용에 있어서 실제적인 동참을 가져올 수 있는 능력
을 함축하고 있다.

3

인터랙티비티의 성공적 통합을 위한 조건

새로운 산업 활동과 서비스 활동의 발달은, 거기에서 생겨나는 사회적 충격처럼 경제적 투자 능력이나 기술적인 발달에 의해서만 결정되는 것이라기보다는 사회문화적 요구를 충족시킬 수 있는 능력을 필요로 한다.

본래 이러한 테크놀로지와 연관된 가치는 오늘날 새로운 사회문화적 필요와 함께, 지속적으로 새로운 문명 모델을 준비해 온 새로운 정신 구조와 만나게 된다.

따라서 이러한 테크놀로지의 의의와 사회학적인 체험을 그 발달 시기에 맞게 재배치시킬 수 있도록 노력해야 할 것이다.

▶ '온라인' 항해에 필요한 수단을 창조하라

인터넷 서퍼들은 예전에 그들이 정보나 지식, 물건이나 허가를 얻기 위해 상대했던 중개자·의견 전달자·충고자·상인·사람들과 제도로부터 해방된 것처럼 보인다.

네트워크상의 인터랙티비티는 개인에서 개인으로 중개자 없이, 정치적 혹은 철학적인 토론, 법률적 자문이나 판매, 백과사전적 지식이나 가장 최근의 특종 기사, 혹은 설명이 덧붙여진 박물관 관람이나 포르노그래피 사진 등을 제공한다.

인터넷상에서는 더 이상 허가를 받기 위한 간청이나 어떤 것에 대한 지식 보유자와의 협상, 순서를 기다리는 줄, 특혜, 입문가를 위한 길 같은 것은 없다. 단지 칸막이나 경계 없이, 누군가에게 지불할 의무 없이 탐험하고 발견할 수 있는 자유가 있을 뿐이다.

인터랙티브 네트워크의 유토피아는 이 모든 풍요와 함께 자유로운 탐험 속에서 세상을 직접 만날 수 있는 데 있다.

그것은 또한 알리바바의 동굴 전설과도 같다. 즉 손닿는 곳에 있으며, 자유롭게 드나들 수 있고 탐험해야 할 풍요의 세계인 것이다.

인터랙티브 네트워크상에서 현재의 이러한 풍부한 공급 형태는 산업 국가의 대다수 소비자와 시민들에게서 관찰되어지는 합리화와 구조화·단순화의 기대와는 정반대로 나아가고 있다.

구조적이지 않고 이름도 없으며 평가받지 않은 과다한 선택들은 더 이상 우리를 감탄시키지 못하는 대신 지겹게 만들고, 무관심하게 하며, 두려움을 준다.

인터랙티비티는 구조와 표지·안내를 필요로 한다.

컴퓨터 전산망이 널리 퍼지고 복잡해질수록 하위 전산망은 더 많은 제2의 탐험 영역을 제공해 줄 것이고, 서버들은 더 많아지고 더 많은 사이트를 제공할 것이며, 전자 주소의 양도 점점 더 늘어갈 것이다. 그럴수록 안내의 필요성은 커지고 자신들의 예비 선택에 자부심을 갖는 우두머리 탐색자들을 거쳐야 할 것이다.

다수의 대중과 접촉하기 위한 인터넷 접속 계약은 그 절차를 신속하게 제공해야 할 것이다. 뿐만 아니라 개인 관심사나 연구 분야, 유용한 정보의 선별에 관한 서비스도 신속하게 제공할 수 있어야 한다.

전산망 조작자들에게 있어서 관건은, 실제 여행자들이 필요로 하는 것처럼 전자 통신망의 여행객들이 필요로 하는 여행 가이드와 정보 제공실·안내 표지판·지도 등을 신속하게 갖추어두는 것이다.

이것은 이미 명성과 이미지와 의미의 자본 그 자체인 브랜드를 가진 기업들을 위한 진정한 기회인 것이다. 그 브랜드들은 자신의 고유한 의미론적 세계를 근거로 안내자의 기능을 수행할 수 있다.

상품의 제공과 상업적인 서비스를 떠나, '안내자 브랜드'는 기분 전환과 정보 제공, 교육과 상업적 목적을 위한 개인의 항해를 구성하기 위한 친숙한 중개자가 될 수 있을 것이다.

▶ 메시지의 신뢰성과 인터넷 여행객들을 보호하기 위한 정보 교류의 보장성을 확립하라

미래에 기술은 모든 전산망 사용자를 발신인이자 창안자, 생성자, 전자 시스템에의 충성자, 그리고 아마도 맞춤 산업의 생성물로 만들 것이다. 따라서 우리는 전문 활동인이 될 것이다.

전산 네트워크가 모든 형태의 커뮤니케이션에 자유롭게 개방된 숨김 없는 지역이라면, 또한 인터랙티비티가 관계적인 해프닝이자 즉흥적인 역할바꾸기라면, 또한 멀티미디어가 제8의 예술이라면…… 그렇다면 사이버 항해자에게 약속된 유토피아는 창조할 수 있는 능력과 마음대로 출판할 수 있는 능력일 것이다.

정보 생산의 원천을 증식시키고 교류를 세계화하면서, 인터랙티브 네트워크는 매스미디어를 서로 경쟁시킬 것이다. 이러한 이상 속에서 개인 각자는 하나의 매체가 될 수 있을 것이다.

그렇지만 메시지나 서류 혹은 통계표에 서명하는 자는 누가

될 것인가? 전문인인가, 혹은 아마추어인가? 교수인가, 혹은 학생인가?

어떤 정보에 대한 신뢰성은 어떻게 평가할 수 있을까? 조작된 소문이나 유머로 가득 찬 장난꾸러기들에 의해 던져진 짓궂은 장난과, 순수하고 성실한 객관성에서 나온 진짜 관찰은 어떻게 구분될 수 있을까?

새로운 그룹의 단골손님은 누가 될 것인가? 이 회합에 참여하고 토론에 개입하는 자는 누구인가? '네트워크의 유령'으로 스스로를 명명한 자들에 의해 약호화된 서명 뒤에 숨어 있는 자는 누구인가?

사실 정보의 검증이 매우 어려운 것으로 드러난 이 시스템 속에서 정보와 메시지의 신뢰도가 바로 문제시되는 것이다.

아마도 전자 통신망에서는 우리가 장터나 카페에서 들을 수 있는 유행하는 환상적 이야기나 개그, 혹은 거짓말이나 조작된 것들이 더 이상 존재하지 않을 것이다. 그러나 이 새로운 정보 통신 시스템과 그 사용자 사이의 관계는 신뢰도의 평가를 더욱 어렵게 만든다.

'온라인' 통신망의 확장에 있어서의 관건은 그 정보의 신뢰도와, 그들이 전달하는 메시지에 대한 책임감을 증가시키는 능력이고, 아울러 지불 문제에 안전성을 더하는 것이다.

여기에서 이러한 급격한 변화가 기술적인 만큼 동시에 사회문화적이어야 함을 알 수 있다. 손으로 서명하고 주소와 개인적·도덕적 신분 증명을 위한 여러 개의 숫자와 주소, 공식적인 명부나 사회직업적 라벨에 등록하는 것과 같은 일은 모두 전자 체계 내에서 동등한 기능을 하는 것으로 대체될 것이다.

FORESEEN 연구소에서 이미 묘사된 적 있는 도덕적 절대 명령의 거대한 흐름은, 전자 텔레커뮤니케이션의 분야에서 규칙과 약관을 필요로 한다.

* 조작자의 책임감에 막연히 호소하면서 유포에 관한 규칙은 일부 명시되어 있다.
* 미니텔에서 규칙들은 완전히 경험적이고, 대부분 자의적이며, 일반적으로 **귀납적인** 것이다.
* 인터넷에는 규칙이 존재하지 않는다. 왜냐하면 인터넷 개척자들은 사용자 약관의 자발성을 원하기 때문이다. (게다가 그것은 올바른 방식을 가르쳐 주는 규약이라기보다는 도덕적인 규약으로 여겨진다.) 하지만 우리는 이미 미국에서 소송하기 좋아하는 법률 만능주의와 규제가 큰 걸음으로 전진하고 있음을 볼 수 있다.

필수 불가결한 안전을 위한 기초적인 예방 조치를 떠나서 참과 거짓, 확실함과 불확실함, 믿을 만한 것과 이론의 여지가 있는 것을 식별하기 위해 필요한 것은 정신 구조의 변화인 것이다.

그것들을 짧은 시간에 실행하기 위해서는 성질과 평가적인 반응의 총체를 재학습해야 한다. 진실의 심리학과 선을 위한 도덕, 전통적으로 후퇴와 성찰의 시간에 일치시켰던 성실함의 감정은 그것들 자체가 실시간으로 실천되어야 한다.

이런 상황에서 볼 때, 카오스의 세계 속을 항해하기 위해 필요한 지표이며, 확실한 보장이자 진짜 여권이 될 수 있는 '안내자 브랜드'를 위한 기회가 바로 문제되는 것이다.

▶ 사용자가 현실과 상상 세계를 식별할 수 있도록 도와 주라

지난날과 오늘날에 있어서 가상 멀티미디어는 어떤 문화적인 비전을 제시하는가?

예술가는 사실 현실의 재현에 있어서 단 한 가지의 기술만을 제어한다. 어쨌든 한 번에 하나의 기술만을 사용하는 것이다. 멀티미디어의 출현과 함께 사이버 세계의 여행자들은 어떤 의미에서 볼 때 신이 되기도 한다.

단순한 소비자들에게조차 조물주의 능력과 같은 것을 환상으로 느끼게 할 수도 있다.

* 어떤 CD-ROM 박물관의 사이버 관람자는 마음대로 어떤 그림의 한부분을 줌인시켜 볼 수 있고, 붓의 필치를 크게 확대해서 보거나, 캔버스를 X레이를 찍듯 조작하여 밑그림이 튀어나오도록 할 수도 있을 것이다.

* 비디오 게임을 하는 가장 나이 어린 컴퓨터 사용자들은 하나의 도시를 건설하거나 혹은 파괴할 수 있고, 마치 실제처럼 혁명이 일어나기 직전의 도시를 관리하고 지배할 수도 있다.

이러한 새로운 능력은 사람들을 열광시키지만, 그것은 또한 실용주의가 만연하고 현실적이 되기 위한 수업을 치러야 하는 이 시대의 정신 구조에 불안감을 줄 수도 있다.

지난 몇 세기 동안 서양 사회의 모든 문화적 진보는 꿈과 현실, 유토피아와 실현 가능한 것, 이성적인 것과 감성적인 것, 마음과 머리, 서사적 글쓰기와 시, 숫자표와 예술적 필적들을 명백하게 분리시키기 위해 노력해 왔다.

세가의 게임기와 사무실의 컴퓨터가 명백하게 다른 두 가지 세계로 구별된다면, 유희적인 것과 실용적인 것을 뒤섞는 개인용 컴퓨터는 어떻게 될 것인가?

개인용 컴퓨터와 텔레비전·하이파이 오디오·게임기가 이제 모든 것을 할 수 있는 하나의 기계로 대체된다면 어떨까? 또한 숙제를 해야 하는 학생과 재택 근무로 사무실과 접속해야 하는 아버지, 그리고 기분 전환을 하고 싶어하는 또 한 사람이 있다면 이들을 어떻게 해야 할까?

역사적 분류와 전문가적 분석, 어드벤처 게임과 만화가 뒤섞이는 문화적 산물은 어떤 정신을 형성할까?

끊임없이 인지적인 한계와 자연 법칙이 위반되는 화면 위의 연습들 속에서 결과적으로 생성되는 지각은 어떤 것인가?

이러한 유희적이고 상호 작용적이며 멀티미디어 학파에 의해 교육받은 현재의 청소년들의 정신은, 그 이전 세대 사람들과는 근본적으로 다를 수밖에 없는 가능성을 가지고 있다.

이러한 현실이 많은 수의 부모와 어른들을 걱정시키고 있다. 그들은 앞으로 다가올 10년 동안 그들이 사용할 전자 장비와 정보 고속도로로의 접속, 그리고 멀티미디어 세계 속에서 그들의 침수 여부를 결정할 사람들이다.

Canal+ 채널의 코미디 프로가 정치 인물들에 대한 패러디 장면을 만들기 위해 정교한 전자 트릭을 사용할 때, 그것은 노련하지 못한 대중의 조작 가능성에 영향을 미치는 동시에 노련한 대중들에게는 미디어에 대한 신뢰성을 빼앗는 결과를 가져온다. 게다가 이러한 프로그램의 작가는 텔레비전 화면 위에 나타나는 영상을 우리가 있는 그대로 믿어 버리는 것을 금지시키겠다는 의도를 명백하게 보여 주고 있다.

현실의 지표들이 상실된 것이다. 어떻게 하면 그것을 되찾을 수 있을까?

모든 멀티미디어 문화 산물에 있어서, 또한 인터랙티비티의 산물인 경우 더욱이 관건이 되는 것은 현실적인 것과 상상적인 것을 명명하는 일이다. 그래서 소비자들이 무의식적으로 확인과 파악의 즉각적인 반응을 할 수 있도록 해야 한다.

이러한 디자이너의 일에 있어서 상징과 약호·정보의 자리 배치를 재개발해야 할 것이다. 즉 그 정보가 진실인가, 거짓인가, 긍정인가, 가정인가, 혹은 하찮은 웃음거리에 지나지 않는가를 판별할 수 있도록 말이다.

이러한 언어학자의 일에 있어서 화면 위에 떠 있는 문장과 교환되는 그림들에 강조를 줄 필요가 있다. 게다가 인터넷상의 올바른 행동 약호는 이미 규칙(대문자로 쓴다는 것은 소리를 지른다는 의미)과 활자체의 뉘앙스를 이용한 기호들(미소·뽀로통함 등)을 만들어 냈다.

▶ 자급자족과 개방 사이의 균형을 찾아라

이러한 인터랙티비티 테크놀로지는 과거와 현재의 우리에게 어떤 이득을 예고해 주고 있는가?

사이버 방랑자는 그가 누구와 접촉할지를 선택하고, 그의 주소록을 만들면서, 혹은 어떤 단체에 가입하거나 그의 주변에 마이크로 네트워크를 구성하면서 자기 마음대로 사회를 재조직할 수 있는 특권을 부여받았다. 그는 그의 가족과 가문, 그의 마을과 구역을 만들 수 있다.

이러한 허구적인 시나리오에서 사회는 법률적으로나 지리적으로, 그리고 조직적인 면에서 더 이상 거의 존재하지 않는 것과 마찬가지이다. 그곳에는 더 이상의 국경도 없고, 언어도 없으며, 제도적인 중개에 의한 지연도 없다. 단지 의도적인 접속에서 자유롭고 일시적인 개인화의 윤곽처럼 매우 제한된 책임하에 존재할 뿐이고, 어떠한 약속이나 의무도 존재하지 않는다.

사회적인 관점에서 보자면, 자발적인 공동체 신화가 그들 흥미의 중심체인 것이다. 그러한 공동체의 에너지와 역동성은 구성원들의 자발적인 참여로부터 나오며, 그 정체성은 쉴새없이 재정의된다.

자기 고유의 의지로 타인들을 결정화시키면서 자기의 주변에서, 또한 자기 관심의 중심에서 개인 각자는 자기 목적에 적합한 시간과 목표를 위하여 나르시스적 공동체의 유토피아를 창조하게 된다.

이러한 테크놀로지는 관심 사항에 따라 형성된 소규모 모임의 발전을 조장한다. 이러한 모임은 마이크로 네트워크에 접속하는 횟수에 의해 결정되며, 비슷한 수의 사회정치학적 영향력을 행사하는 소규모 압력 단체와 마케팅을 위한 상업 단체, 매우 전문화되고 세분화된 커뮤니케이션을 위한 소규모 청중 모임이 생겨날 것이다.

개인적 접속을 위한 인터랙티브 네트워크는 매스미디어의 쇠퇴에 기여할 것이며, 직접적으로 현재의 중점 관심사에 의해 전문화된 미디어와 경쟁하게 될 것이다.

이러한 시나리오는 우리가 알고 있는 구조적인 사회의 예고된 종말을 말해 준다.

그러나 미래에, 아니 이미 오늘부터 이러한 예견은 자기 자신의 불확실한 운명과 사회의 위기와 급변으로 말미암아 벌써 불안해진 대다수의 사람들과, 안정적이고 조직적이며 정돈된 공동체의 안전한 온기를 되찾고 싶어하는 사람들에게 있어서는 점차 염려스러운 것이 될 것이다.

이러한 전자식 집단 의식의 새로운 형태는 가상 회합소의 안전을 제공해 줄 수 있을까?

합법적인 민주주의의 한 형태는 정기적인 전자 선거와 투표로부터 나올 수 있을까?

연대적 기업 문화는 멀리 떨어져 있는 재택 근무자들 사이에서 발전할 수 있을까?

종교적 신념, 철학적 논쟁, 과학적 탐구, 결속적인 생활, 이런 것들이 그 구성원들이 사방에 흩어져 있는 집단의 역동적인 새로운 형태를 어떻게 만들어 낼 수 있을까?

인터랙티브 텔레커뮤니케이션의 거대한 네트워크와, 그것의 '온라인' 서비스를 발전시키고 관리할 사람들에게 있어서 핵심적인 관건은, 하루살이 같은 전자 소집단으로의 사회의 완전한 핵분열과 새로운 사이버네틱 세계 안으로의 개인의 유폐 사이에서 새로운 균형을 유지하고 조장하는 것이 될 것이다.

▶ 새로운 언어를 찾아서

인터랙티브 테크놀로지가 예견하는 이득은 어떤 것인가?

그것은 바로 우리를 지구촌 문화와 연결해 줄 전자 에스페란토의 신화이다.

이 언어는 멀티미디어 문화의 논리에 따라 감각적이다. 이성보다는 감성이 우위에 있으므로, 그로 인해 생겨나는 결과들이 이미 제기되었다.

지배적인 테크놀로지와 경제 분야의 문화 논리에 따라 거의 자연스럽게 앵글로아메리카 구어체가 쓰이고 있는데, 이는 지역 언어의 사용자들이 지구촌 차원에서 빠르게 구매하고 교류하는 것을 꿈꾸는 사람들과 곧 밀접한 관계를 유지하게 될 것이기 때문이다.

하지만 세계 모든 곳의 모든 풍요로움을 교환하고자 함이 첫 야망인 이 커뮤니케이션 언어는 매우 국한되어 있는 실정이다.

보다 간략한 매개 언어, 즉 감정보다는 숫자와 개념을 나타내는 데에 적합하게 만들어진 보다 간략한 매개 언어에 힘입어, 문어체는 특히 어휘적 뉘앙스 때문에 이 새로운 미디어로 인해 격심한 고통을 겪게 될 것이다.

인터랙티비티의 모든 사용자들에게 있어서 텔레커뮤니케이션 네트워크의 관건은 새로운 언어를 창조하는 데에 있다.

이미지와 소리, 구어체의 물결 속에서 지구촌을 지배하는 문화는 어떤 것이 될 것인가? 영화와 TV에 대해 이미 자주 제기되고 있는 이 질문은, 이러한 미디어 네트워크의 발전과 함께 할 때에 더욱 중요성을 띠게 된다.

이 질문은 테크놀로지의 주요 관건으로 돌아간다. 테크놀로지는 언제쯤 실시간에서 매우 섬세한 해석을 해주는 시스템으로 개인 사용자 각각의 동시적인 언어를 존중할 수 있게 될까?

두번째 부분은 메시지 자체의 인터랙티비티 문제이다. 여기에서 모든 커뮤니케이션 분야의 전문가들이 발명해야 할 것들이 있다.

* 미래에 진정한 인터랙티브 광고란 어떤 것이 될까?
* 정치 선거 캠페인은 어떻게 될까?
* 교육적 문서들은?
* 예술 작품은 또 어떻게 될까?

이러한 시나리오의 마지막 지점에서 테크놀로지가 종종 언급된다. 그것은 대중을 능동적으로 만들고, 자신의 호의와 해석이나, 자발적이고 의식적인 반응에 따라 그가 받은 메시지를 수정하고 재발신할 수 있도록 만든다. 그렇지만 이 문화적 대혁명의 언어와 약호는 창조되어야 할 것으로 남아 있다. 그것은 새로운 세대의 언론인·교수·광고인들이 해야 할 작업이다.

II

실제적 파급 효과

각 전문 분야에 나타나는 결과들
(공직 · 기업 · 마케팅 · 커뮤니케이션)

1

정치적 권력 행사에 있어서 인터랙티비티의 영향: 판도라의 상자인가, 혹은 새로운 민주주의인가?

인터랙티비티의 도래는 그 예언자들에 의해 종종 새로운 민주주의적 공간처럼 여겨졌었다. 앨 고어 같은 정치 책임자들은 정치 분야에 있어서 기념비적인 발전(아테네 민주주의의 새로운 시대)을 언급하였다. 그것은 시민들의 지속적인 자문과 사회의 중대한 결정에 있어서 직접적인 시민의 개입, 그리고 일상 생활에서 그들의 의사 표현에 의해 가능하게 될 것이다.

이 전자 집회장에서 민주주의를 위한 성공 조건은 무엇인가? 피드백 규칙과 인터랙티비티 국가의 공동 시민을 향한(같은 나라 국민이 아니더라도) 정보 논리의 규칙들은 쌍방향 민주주의의 목적에 직면하여 올바로 자리잡아야 할 것이다.

▶ 답변의 의무를 가져라

정치는 신속하고 적절하게 답변하는 것을 배워야 할 것이다.

쌍방향 정치를 정치 대표자들이 시민과 유권자들의 상태를 살필 수 있는 조사 형태로 생각하는 것은 인터랙티비티의 본질적인 특수성을 낮게 평가하는 것이 될 것이다. 사실 그러한 조사

에 답하는 시민들은 단순하게 어떤 의견을 표현하고 싶은 것만
은 아닐 것이다. 그들의 참여 동기는 자신의 권리 인식과 심리
적인 가까움, 익명의 세계 속에서 자신을 드러내는 것이 될 것
이다. 이러한 필요는 자신의 의견을 낼 수 있는 가능성을 가지
는 것뿐만 아니라, 다른 사람이 자신의 의견을 들을 수도 있고,
그에 대한 답변을 얻을 수도 있으며, 의사 결정자들과 대화할 수
있는 기회를 제공하기도 한다.

관리하기 힘든 것은 인터랙티비티의 조직이 아니라 그것이 유
발하게 될 기대이다. 제시된 의견들의 '구체화'를 기다리는 동
안 생겨날 조바심은, 유선 통신망의 상업적이고 정보 제공적인
분야가 그러한 회답에 있어서 보다 신속한 만큼 더욱 관리하기
힘든 것이 될 것이다.

▶ 투명성의 의무를 동반하라

미래에 정치적 선택은 상이한 주체들에 대한 논쟁과 상이한
수준들에 대한 논쟁의 다양성 사이에서 종합해야 할 의무가 있
다. 그러한 상이성은 특별한 이해 관계에 의해 생겨나고, 전자 인
터랙티비티의 새로운 표현 가능성에 의해 직접적으로 자신을
드러낼 수 있는 유권자의 동기화된 일면을 반영하고 있다.

정치 계층에 있어서 시민의 인터랙티비티를 여론 청취를 위한
종소리 정도로 생각하는 것은 위험한 것이 될 것이다. 이러한
유형의 대화를 시작하는 것과, 시민과 유권자에게 활기를 주는
것은 현실적인 논리 증명의 책임을 지고 있고, 연장된 대화 체
계를 구축해야 하는 필요성을 부여한다.

예를 들어 뉴저지 주의 사우스 오렌지 마을에서는 케이블에

가입한 4천 명의 주민이 정기적으로 지역 정치 생활의 주제에 대한 여론 조사에 참여하고 있다.

실행된 연구 결과에 따르자면 투명성은 필수 불가결한 것으로 나타났다. 전자 투표는 각각의 참여자가 투표 결과를 실시간으로 받게 되거나, 혹은 그가 다수 의견에 속하여 그의 의견이 점점 더 우세하게 될 때 국민들의 시선에 만족스럽게 받아들여지는 것으로 밝혀졌다.

▶ 쌍방향 사회에서의 중개물을 재정의하라

정치는 선동적이고 민중주의적인 분산을 경계하면서 일관성 있는 정치 방향을 관리하고 정리해야 한다.

지속적인 사회정치적 인터랙티비티와 함께 모든 정치 계층의 구조물은 부인되고 있다.

이러한 인터랙티비티를 통한 원시적인 투표는 기존의 제도적 구조가 갖는 관례와, 지금까지 시민들의 필요와 기대·염려 등을 표현해 주는 책임을 져왔던 대표 조직과 중개 단체를 뛰어넘어 직접 교섭을 가능케 한다.

이러한 중개는 진보에 적응하는 것을 가능하게 하면서 기존의 정치·사회 시스템을 보호하는 기능을 갖고 있다. 실시간 인터랙티비티는 너무 지나치게 여론에 의존함으로써 중대한 정치적 혼동으로 이행할 수 있다.

책임자들의 전통적인 역할은 변할 것이다. 국회의원이나 하원의원은 지방이나 도시·지역의 대변자가 되기보다는 지역의 경영자가 될 것이다. 시민은 즉석에서 자신의 기대와 의견을 관련된 책임자에게 전달할 수 있을 것이다.

정치 계급은 단체의 역동성이라는 관점에서 정치 프로그램을 정의해야 하고, 매일 그것에 대한 문제 제기를 위한 시도를 해야 할 것이다.

사실 자연스러운 논리에 의하면 다수의 경향에 따라 그날 그날의 정치를 위한 여론 조사를 대량화해야 할 것이다. **인터랙티비티 정치의 첫번째 시나리오**는 인터랙티브 유권자와 함께 합의에 의한 정부의 한 형태로 이끌어 가고 있는 것이다. 그것은 인터랙티비티로 시민들을 재조직하고 끌어들일 수 있는 이점을 가지고 있으나, 일상적인 우민 정치의 위험성을 함께 가지고 있다.

두번째 시나리오는 두 가지 형태의 인터랙티브 자문을 구별하는 것과 관계 있다. 그들 중 하나는 거시 사회적인 것으로, 확실하고 전략적인 장기적 대경향에 관한 것이고(예를 들어 제도의 개혁, 사회 보장의 미래, 공공 서비스의 임무, 교육), 다른 하나는 충동적이고 일시적인 미시 사회적인 것으로서, 전략적 적응 양식과 소규모 문제들에 관한 것(도시화와 정비 계획, 지역 회의 등)이다.

2

기업에 있어서 인터랙티비티의 영향: 인터랙티비티와 경영

정보처리 산업의 '빅브라더' [6] 에서 탈집중화된 인터랙티비티로

▶ 어제 : 제어의 정보처리 산업

60년대에 기업 사회에서 컴퓨터가 가져올 영향에 대해서 많은 예측이 있었다.

컴퓨터는 정보의 조정과 포착을 쉽게 해줌으로써 의사 결정의 집중화를 가능케 했다.

이것은 성공적인 결정을 할 수 있는 '최고의 경영인' 엘리트의 탄생을 가져왔고, 그것은 컴퓨터에 의해 모든 종합적인 정보의 보유자가 될 수 있었기에 가능한 일이었다.

그 결과 대규모 그룹의 엄청난 확장, 즉 컴퓨터 산업의 발전이라는 돌발적 사건이 일어나게 된 것이다.

하지만 대기업들만이 그러한 '주요 뼈대'에 가담할 수 있었는데, 그 사업은 매우 비용이 많이 들지만 엄청난 가능성을 지니고 있었다.

컴퓨터는 새로운 테크놀로지에의 투자에 수익성을 보장하면서 생산성의 이득을 가져올 것이며, 대규모 실업가의 조직을 강화할 것이다.

인터랙티비티는 따라서 두 부류의 인구에 국한되어 있었다. 하나는 약호화와 해독·전파를 할 수 있는 '목사'에 비유될 수 있는 기술자 집단과, 또 하나는 '목사들'에 의해 제공된 결과물들에 따라 행동하는 경영인 집단이다.

▶ 오늘 : 유동성 있는 정보처리 산업

모든 예측은 부인되었다.

대부분의 기업들은 지난 10년을 기업의 집중화를 추구하는 대신 탈집중화하는 것으로 보냈다.

월급쟁이의 수가 계속해서 줄어들고 있기는 하지만 아직 월급쟁이로 남아 있는 사람들은 거의 모두가 컴퓨터를 가지고 있고, 개인 컴퓨터는 그 자율성이 증대됨으로써 기업 내에서 대량화되었다.

최고 엘리트 경영자들은 점차 전략적 의사 결정을 현장 책임자들에게로 위임하게 되었다.

다양성을 전략으로 하는 기업의 비율은 1974년에 64퍼센트에서 1994년에는 30퍼센트로 폭락하였다. 오늘날 반복되는 주제는 '당신의 일에만 전념하시오(stick to your knitting)'(당신의 능력 범위 내에 있으시오)이다.

시너지 개념은 요즘 미국 마케팅 회담 내에서 비판되어지고 있다. 사람들은 시너지를 수익 생성 요인이 아닌 것으로 판단하고 있다. (1994년 달라스 경영 아카데미 정기 총회. 해리슨과 생 장.)

컴퓨터의 수와 힘이 증가할수록 조직의 규모는 축소된다. (MIT의 브리뇰프슨—— 슬론 경영학교) 정보처리와 기업의 전반적인 생산성간의 명확한 상관 관계를 보여 주는 신호는 거의 존재하지 않는다.

실상 컴퓨터 처리화된 기업들은 수직적인 통합과는 점점 더 멀어지고, 점점 더 하청에 의존하게 된다.

기업들은 이렇게 조직적인 구조의 막중함으로 잃어버린 유동성을 되찾고 있다.

MIT의 톰 맬론은 이미 기업들에서 수익성 있는 인터랙티비티의 형태를 발견하였다. 정보처리 산업은 외부 시장과 하청에 관한 경제적이고 신속한 자문을 가능하게 해주고, 그것은 공급자의 경쟁력과 내부 서비스의 생산성을 동시에 자극할 수 있다.

▶ 내일 : 협력하는 정보처리 산업

과거에 기업은 생산의 논리만을 발전시켜 왔었다.

따라서 정보처리 산업은 생산성이 있는 것이었다.

오늘날 이러한 논리는 시장 거래의 논리에 자리를 양보한다. 이러한 논리 속에서 배포자는 거래의 중심에 있으며, 정보처리 산업에 의해 판매 데이터를 조정한다.

미래에 기업들과 특히 서비스 산업에 관련된 회사들은 제3의 논리를 통합해야 할 필요를 느낄 것인데, 그것은 바로 인터랙티브 네트워크의 논리인 것이다.

그것은 다양성에 직면한 세밀화된 다량의 정보들이 갖는 복잡성과, 그것들을 하나로 통일함 없이 다양한 자체로 통합하는 정보처리 산업이 될 것이다.

미래에는 기업에 어떤 조직이 적합할 것인가?

일체를 이룬 통합 기업에서
상황 변화에 유연하게 적응하는 네트워크로

▶ 안정된 네트워크로 이루어진 기업

오늘날 기업의 네트워크는 존재한다.

'Kleretsu' 시스템은 30년 전부터 일본에서 존재해 왔다.

80년대에 나이키·할리 데이비드슨·베네통·모토롤라는 네트워크 개념을 어느 수준까지 발전시켜 주기업과 공급자·하청업주·유통업자들간의 경계를 점차적으로 흐려지게 만들었었다.

하지만 그 조직들은 아직 '고정적인' 네트워크로서, 그들 사이에서 각자의 책임을 가지는 형식적이고 정확한 계약에 의해 연결된 지속적이고 항구적인 조직이었다.

이러한 고정적인 조직망은 장점을 가지고 있으나 단점 또한 보유하고 있었다. 그 단점이란 바로 그들의 '맞춤 생산' 과 생산의 필요에 집약된 '과잉 전문화' 와 함께 생겨나는 주기업에 대한 공급자의 과다 현상이었다. 주기업은 조금씩 그들 공급자와 하청업주들의 전문 활동에 대한 경영자와 조정자가 되어갔다.

그러나 이러한 현상은 조직 체계의 중심에 위치해 있는 기업의 효율성을 더욱 낮추는 결과를 가져왔다.

▶ 상황 변화에 유연하게 적응하는 기업 조직망

이것은 유동적인 접촉과 함께 일련의 집단적 계획과, 일시적인 협력의 결과인 기업과 개인, 물품과 서비스로 이루어진 총체의 비선적(非線的) 구조물이다. 이 구조물에서 정보의 흐름은 가장 중요한 것이고, 이러한 유형의 기업들에 있어서 전문화는 보다 핵심적인 것이다.

　이러한 유형의 기업에 있어서 인터랙티브 그물망은 중개자에 의해, 필요에 따라 적용된 능력의 집합으로 접속하게 해주면서, 능력의 핵심에 집중할 수 있도록 업무를 단순화하고 경감해 주는 기능을 수행한다.

　그것은 서로 다른 규칙과 특수한 사용 방법, 서로 어울리지 않는 기술적이고 인적인 수단들의 총체이며, 그들간의 목적 또한 상이하다. 통신망의 기능은 여러 가지 형태를 띠고, 유동적인 시장은 사실상 무한하다. 특수한 사정 보고서와 모자이크식 지식의 다양한 종합은, 만약 그것이 정지되어 있고, 움직이는 데 너무 많은 시간이 들며, 반응하는 것이 불가능하다면 아무 소용도 없는 것이 된다.

　이러한 유형의 통신망은 불확정성을 띤다. 연합적인 문화나 기능의 모델도 없다. 지표가 있는 만큼 불확실한 점도 있으며, 생산적인 동시에 공급자적이고, 소비자적인 요소를 갖고 있다. 일치점은 경우에 따라서 항상 같은 언어를 사용하는 것도 아니고, 상이한 문화적 배경을 가지며, 서로 다른 목적을 추구하는 협력자들과 함께 일시적인 협력에서 나오는 하나의 생산품이나 서비스가 될 수도 있다.

　원거리 인터랙티비티는 다원적 조직 네트워크가 신속하게 자신의 능력을 발휘하고, 언제 어디서나 지정된 주체에 적용될 수 있게 해준다.

구조적 기업에서 역동적 기업으로

새로운 테크놀로지 덕분으로 기업은 보다 비용이 적게 들고, 보다 신속하며 거의 즉각적인 거래의 가능성을 제공해 주는 산업적 인터랙티비티의 덕을 보게 될 것이다.

이러한 현상은 대도시와 전통적인 경제 구역에서 멀리 떨어진 기업 활동의 탈집중화를 조장할 것이다.

프랑스 시골 골짜기의 기업인이라도 통신망과 소프트웨어, 세계적으로 분산되어 있는 고객들과의 접속에 있어서, 라 데팡스 구역[7]의 중심에 위치한 기업인과 똑같은 가능성을 영위할 수 있을 것이다.

탈집중화, 재택 근무에 의한 구성원의 분산, 정보, 커뮤니케이션, 의사 결정 과정의 유동성은 사무실과 서비스의 집중화를 파괴할 것이고, 보다 유연하고 가벼우며 저렴한 비용의 구조에 도움받기를 바라는 경영 전문가들의 바람에 보답하게 될 것이다.

■ 경영에 있어서의 당연한 귀결

구조 경영에서 재능 경영으로

통신망 구축과 상황 변화에 유연하게 적응하는 기업이 대두됨으로써, 각 개인이 조직의 외부에서와 마찬가지로 내부에서도 개인의 특별한 기여를 위해 다른 사람과 대체될 수 있다는 테일러식 경영 합리화 논리에서 벗어나게 된다.

인터랙티브 기업에서 개인의 가치는 그가 보여 주고 소통하는 유용성과 창조성에 연관되어 있다. 따라서 통신망을 구성하는 개인들의 다양성과 자립성이 증대될수록, 문제를 잘 조정할 수 있다는 조건하에서 보다 다양한 문제의 답을 찾을 수 있게 되는 것이다.

탈집중화된 능력의 경영에서 결정의 경영으로

상황 변화에 유연하게 적응하는 기업의 경영자는 우선 탈집중화의 문제와 기업의 변형 문제를 해결해야 한다. 예를 들자면 General Motors Saturn사의 '분리'와, IBM/Apple의 '조직 흡수'에 의한 '갤럭시 애플'의 '구현'이 있다.

기업 경영자는 이어서 의사 결정 중심지의 막대한 증가와, 현장에 흩어져 있는 의사 결정자들의 대량화를 제어해야 한다. 그러한 의사 결정자들은 그들의 개인 컴퓨터로 무장하고 독립적인 개체로서 기업을 구현한다. 기업 전산망 속의 인터랙티비티는 카오스와 같은 뒤죽박죽 상태의 진원지가 될 수 있다.

따라서 이제는 네트워크에서 개인의 자유로운 활동성이 갖는 절대적 가치를 인정하지 않을 필요가 있다.

* 첫번째 양식은 '강제'의 계약 형태를 취할 수 있다.

  생산 라인의 구성원들을 포함한 이 계약들은 협력자가 접하게 될 수 있는 모든 가능성과 상황을 예견한다.

* 두번째는 '격려'의 계약 양식으로서 '좋은' 결과의 획득으로 협력자에게 보상한다.

■ 작업 조직에 있어서의 당연한 결과

단체로 모여 있던 작업장에서 재택 근무로

재택 근무의 점진적인 발전은 기업과 근로자, 그리고 우리 사회의 기능에 있어서 진정한 혁명에 해당한다. 재택 근무에 있어서 임금 제도(계약·계층……)와 사회적 관계에서 발생한 노동의 개념이 근본적으로 변경될 것이다.

오늘날 재택 근무는 프랑스와 유럽에서보다 미국에서 점차 더 널리 정착되고 있다.

《뉴욕 타임스》지에 따르면, 집에서 일하는 4천만 미국인들 중 1천2백만 명이 파트타임으로 일하는 독립적 '재택 근무자'이고, 다른 1천2백만 명은 풀타임으로 PC와 모뎀을 이용하여 그들의 '사업'을 하고 있었다.

아직 프랑스 국립통계경제연구소[8]가 광의에서의 재택 근무를 하고 있는 프랑스인 독립 사업가나 근로자들의 수를 측정할 수 있는 통계적 도구를 갖추지 못하고 있긴 하지만, 프랑스에서도 이러한 현실은 진전되고 있다.

하지만 두 가지 재택 근무의 형태를 구별해야 할 필요가 있다. 한 가지는 정보 통신에 의해 고객들과 연결되어 있는 텔레서비스·텔레 비서 업무·원격 측정 유지·텔레마케팅·데이터 통신 등을 들 수 있고, 다른 한 가지는 각각 다른 유형의 개인들로 이루어진 집합체로서, 독립적인 근로자와 단독 근로자, **방랑**하는 근로자들이 모여서 주기업의 새로운 분산된 구성원 집단을 이루게 된다.

그들의 공통점은 의사 결정 센터와 멀리 떨어져 있다는 점과,

정보처리와 텔레커뮤니케이션의 결합에 힘입어 실시간으로 정보를 전달할 수 있다는 점이다. 그들에게 있어서 정보처리와 텔레커뮤니케이션은 어머니의 집과 연결하는 탯줄의 역할을 하는 것이다.

▶ 재택 근무 혁명의 효과

그것은 19세기 산업혁명과 비슷한 전복이지만, 정반대 방향의 전복이라 할 수 있다.

기계화는 일정한 지리적 장소(광산층, 철강, 중공업 공장, 주요 간선의 분기점 등)에 권력과 에너지를 집중화시켰고, 따라서 도심화와 고용 창출지의 집중을 조장하였다. 하지만 재택 근무는 탈집중화라는 반대의 효과를 가져올 것이다.

예를 들어 프랑스 IBM사의 1만 3천5백 명의 근로자들 중 2천 5백 명이 재택 근무자였는데, 그들 중 2천 명은 '방랑자,' 즉 정해진 사무실은 없지만 그들의 의사 결정 중심지와 연결되어 있고, 또한 PC에 의해 그들의 고객들과 연결되어 있는 재택 근무자들이다. 이러한 형태는 IBM사에게 회사 부지 면적의 25퍼센트를 절약하게 해주었고, 그것은 결과적으로 1억 8천만 프랑의 경제적 절약을 가져왔다.

아서 앤더슨은 동일한 방식으로 조직을 구성하여, 선상(船上)에서 행해지는 것처럼 한 사무실에 4명의 컨설턴트를 두되, 3명의 전문가는 항상 방랑자의 위치에 있게 하였다.

공업의 '제3산업화' 효과에 따라 서비스 제공의 과다함은 생산 장소를 외형화시키는 현재의 경제 논리에 따라 증가하게 될 것이다.

따라서 원거리 서비스 종사자들에 의한 외부 서비스의 대량 공급을 평가하고 선별하는 것이 관건이 될 것이다.

고학력 근로자는 자신이 만들어 낼 특수한 공급에 가치를 부여하고 적응할 줄 알아야 할 것이다.

우리는 기업에 있어서 새로운 시장과 새로운 경쟁 분야가 폭발적으로 증가하는 것을 보게 될 것이다. 왜냐하면 기업들은 폐쇄형 고용 논리에서 국경을 넘나드는 경쟁력의 네트워크 논리와, 영구적이고 언제나 사용 가능한 국제적인 두뇌 시장으로 이행할 것이기 때문이다.

모든 기업들은 이 통신망의 독립적인 가입자가 세계 도처에 있으므로, 그들의 공급에 있어서 편재성을 가지게 될 것이고, 아울러 세계 도처에 산재해 있음에도 불구하고 언제든지 정밀한 기술을 활용할 수 있기에 전지전능한 특성을 갖게 될 것이다.

3

마케팅에 있어서 인터랙티비티의 영향 : '일 대 일'의 혁명

원거리 네트워크 통신망은 소비자의 행태에 변화를 줄 것이고, 기업들은 그것에 맞게 적응해야 하며, 고객들과의 직접적인 관계 수립으로 제공된 기회를 포착할 수 있어야 한다.

기업들은 구조의 재조정을 하게 된다. 그것에는 두 가지 관건이 있다. 한편으로는 개혁적인 테크놀로지를 최적의 방식으로 개발하고 이용하는 것이고, 또 한편으로는 소비자의 관심에 보다 잘 적응하는 것이다. 마케팅은 소비자이기도 한 고객들의 기대에 신속하게 잘 결합하는 것을 목적으로 하면서 동시에 마케팅 그 자체가 상호 작용적인 것이 되어야 하고, 소비자/고객과 공급자/유통자/생산자 사이의 상호 관계의 구조를 변화시켜야 한다.

인터랙티비티는 판매 과정에서 항상 존재해 왔다. 하지만 그것은 단순하고 선적인 인과 관계의 형태하에서 이루어졌으며, 수요와 공급의 예상 가능한 연속적인 논리에 따른 영향들의 질서 정연한 연계 속에서 일어나는 것이었다. 그 속에서 공급자는 언제나 게임의 주인, 정보와 물품, 그 변환의 보유자였으며, 또한 일련의 한정되고 개인화된 양식의 창안자였다.

미래의 인터랙티비티는 고객에게 유통업자나 생산자가 가지고 있는 것과 똑같은 카드를 손에 쥐어 주리라 생각된다. 이로부터 매우 상이한 상호 연계의 구조물이 필연적으로 생겨날 것이다.

상업적 체인 형식의 상관적 구조물이 발달한다

▶ 그저께 : 생산자 논리의 피라미드형 구조물

19세기말과 20세기 전반, 상업에서 지배적인 논리는 생산자 논리였다.

애덤 스미스와 프랑스 경제학자 J.-B. 세[9]로부터 전해지는 논리인 '판로와 시장의 규칙'은, 생산이 언제나 과잉 생산의 위험 없이 적절한 수요를 창출한다는 것을 전제로 한다. 이러한 생각은 산업의 주도자인 철강 산업의 주인들과 다른 기업가들에게 계속적인 과잉 생산의 전략을 세우도록 만들었다. "품질 좋은 물건들을 대량으로 생산하자. 우리는 항상 판로를 찾아낼 수 있을 것이다. 지금까지도 내내 시장을 찾을 수 있었다."

마치 자명한 이치나 실제적인 윤리처럼 되어 버린 이러한 견해는 생산자의 원천과 수완을 고객의 소비 성향 위에 위치시켰다. 제조업자와 그 중개인인 상인이 소비자의 필요를 충족시킬 방법을 소비자 자신보다 더 잘 아는 것처럼 여겨졌다. 그들은 소비자에게 물품과 그것의 사용법, 그 물건의 가격에 대한 그들의 개념을 강요하게 되었다.

결과적으로 이는 어린아이처럼 유치하게 변한 고객들의 수동적 집단에 신경쓰지 않은 채 경쟁 가격을 정하고, 주어진 시장 내에서의 전매를 궁리하는 등급 경제를 만들어 내게 되었다.

이러한 상황에서 누군가 '마케팅'에 대해서 논한다면, 그것은 생산자를 그의 선택 내에서 확고하게 하고 편안하게 하며, 그의 선택을 유통업자와 소비자에게 강요하는 목적을 가진 독재적인 과정이라고 말할 수 있다.

그것은 상업적 인터랙티비티의 출발점이다. 생산자가 그의 시장과 고객 위에 '신권'으로 군림한다. 마치 옛날의 절대 군주처럼 말이다.

상관적 구조물은 판매 관계의 계층적 개념처럼 피라미드형 구조를 하고 있다.

▶ 어제 : 소비자 마케팅의 연속적 구조물

60년대 이후로 마케팅의 새로운 논리가 점진적으로 정착되어 갔다. 그것은 생산의 산업화와 브랜드의 경쟁, 교류의 국제화, 생활 방식의 개인화, 자유 서비스식의 대량 유통과 같은 생산자의 확실성 규칙을 무너뜨리는 요소들에 힘입어 조장되었다.

이러한 새로운 논리는 시장과의 거래 논리이다.

새로운 상호 작용적 관계 속에서 중심점은 생산자의 의지에서 시장의 유연성으로 이동하였다. 그리고 수신인이었던 소비자는 마케팅의 열쇠를 쥔 주역이 되었다. 이 새로운 논리는 생산력과 유통의 재분배를 조장하고, 그 속에서 모든 사람은 시장에 대한 최고의 지식을 찾으려 한다. 그것은 소비자와 소비자의 구매력이 관건인 영향력의 논리 속에서 실현성 있는 상업적인 전략을 세우기 위함이다.

"시장이 원하는 것을 생산합시다. 우리가 현재 갖고 있는 도구를 이용해 이익이 되는 방향으로 할 수 있는 한 그렇게 합시다." 이것은 마케팅 계획의 새로운 지혜가 되었다.

그렇다면 시장이 원하는 것은 무엇인가? 우리는 그것을 중개자들에 의해서만 알 수 있다. 그들은 어떤 것이 통할 것인지 아닌지를 결정하는 생산자들에 대해 힘을 행사하는 유통업자들이 대부분이다. 판매 전략, 소비에 대한 패널 조사, 그리고 요즘에는 고객층의 분할에 대한 연구와 동기 유발에 대한 연구, 생활 스타일에 대한 조사도 그들을 통해서 알게 된다.

일방적이고 단일한 생산자와 유일한 공급의 논리에서 우리는 이처럼 다양화된 물품/서비스의 층위를 향해 진보해 왔다. 그러한 다양화는 표적이 된 고객층에 따른 것이고, 우리는 고객들이 조금이라도 지불 능력이 있고 어느 정도 규모가 된다면 그들의 취향과 생활 방식을 받아들여야 한다. 적어도 작은 집단, 혹은 가능하다면 소규모 시장이라면 더 좋겠다.

유형학상으로 분류된 고객층과 관심 분야에 따라 전문화된 유통의 조직망이 이루어졌다.

따라서 마케팅은 일단의 인터랙티비티를 향해 그 시장과 함께 발전중에 있다. 하지만 아직은 미약한 수준이다. 왜냐하면 첫째 소비자는 간접적으로만 활동적일 뿐이며, 여전히 평균적인 통계나 모델 유형에 국한되어 있기 때문—— 연구하는 전문가들은 그들을 집합적 이름으로 이야기한다—— 이고, 두번째로 듣고 답하기의 과정이 느리고 선적이며 연속적이기 때문이다. 생산자들이 소비자에게 맞추기까지는 몇 년이 더 걸릴 것이다.

아직 우리는 고객과 특별한 상업적 공급 사이의 진정한 인터랙티비티에 대해서 논할 수 없다. 왜냐하면 거기에는 시장의 수요에 대한 고려에 있어서 사적인 개인화도, 실시간도 존재하지 않기 때문이다. 거기에는 실제적인 대화나 수요와 공급간의 영향력의 순환도 존재하지 않는다.

상관 관계적 구조물은 연속적인 것이 되었다. 우리는 분명 소비자를 향해 귀를 기울인다. 하지만 비연속적으로 어떤 정확한 순간에만 귀기울이는 것이다.

▶ 오늘날 : 반사적인 마케팅의 객관적 구조물

신속한 조직이라는 새로운 논리는 생존과 발전의 열쇠로 등장한다.

생산 단계에서 새로운 논리는 개혁의 지연을 단축시키고—— 우리는 새로운 모델의 자동차를 만들어 내는 데에 걸리는 시간이 10년에서 5-6년으로 줄었다—— 또한 재고 없이 팽팽한 유통의 수요 리듬을 창출해 내고 있다.

생산자와 유통자 사이의 상호 관계에 있어서 정보처리는 상점에서의 상업 활동에서 보다 예민한 경영을 가능하게 한다.

* ECR(능률적 고객 답변; efficient client response) : 논리 계산, 신상품의 유포, 판매 장소의 조합, 소비자를 향한 개발 촉진.
* EDI(컴퓨터 처리된 정보의 교환; échange de données informatisées) : 전자 우편에 의해 파트너간(제조자·공급자·유통업자)의 문서 이동을 가속화한다.
* CRP(계속적 보급 프로그램; continuous replenishment program) : 판매시에 새로 들여올 물건의 주문을 위해 과다한 재고나 물품의 단절 없이 최적 규모를 산출해 낸다.

소비자들의 관찰에 있어서 전자 시스템은 소비에 관한 정보의 포착과 처리를 가속화시킨다.

* 상점의 계산대에서 매일매일 조사한 소비 패턴의 포착.
* TV 시청자들에 대한 매일매일의 자동 관찰.
* 전자 포럼이나 종합 테스트(CCA-Euro RSCG[10]의 방법).

사람들은 생산 조직과 유통 조직의 신속한 반사 작용 능력을 발전시키려 하는데, 그것을 위해 어떤 기초가 필요할까? 어떻게 반응해야 하며, 또한 무엇에 반응해야 하는 것인가?

상호 연관적 구조물이 생산자와 유통업자 사이에서 교환의 순간적 가속화에 의해 개선되었다. 그러나 그 내용은 그리 풍부하게 보충되지 않았다. 마케팅은 훨씬 강력해졌으나 종착지인 고객에게 진정으로 가까워진 것은 아니다.

▶ 내일 : 일 대 일 마케팅의 추론적 구조물

인터랙티비티는 개인 기호 맞추기를 위한 마케팅에 있어서 좋은 기회가 된다. 고객과의 직접적이고 개성화된 관계의 가능성은 물품의 판매에 의해 생겨나는 모든 과정을 변화시킬 수 있다. 정보의 획득과 메가베이스 데이터의 경영은 소비자의 개별화된 요구에 답할 수 있고, '맞춤' 생산을 실행할 수 있으며, 제품과 서비스의 직접적인 유통과 판매를 확실히 할 수 있고, 또한 소비자와의 진정한 개별화된 커뮤니케이션 관계를 만들어 낼 수 있다.

이것은 이미 정착된 마케팅 직종의 새로운 실천이며, 여기에서 고객과 기업간의 교류가 영구적이 된다. 목표의 선택과 지속적인 고객 관리, 고객을 향한 공급의 명목적인 개인화, 유치하기 어려운 소비자를 유혹하고 생포하는 능력을 목표로 노력을 기울여야 한다. 커뮤니케이션은 소비자가 더 이상 광고에 의해 강요받지 않고, 아주 작은 권태감으로도 다른 공급을 향해 떠날 수 있게 된 세상에서 브랜드의 공급을 위한 호기심과 거래를 창출해 내야 할 것이다.

인터랙티비티의 정복을 위한 상업

▶ 어 제

인쇄된 카탈로그는 20년 전부터 주요하게는 주문과 배달 과정의 가속화의 의미로, 부수적으로는 교환과 반품의 경우 관계의 유동성의 의미로 발달해 왔다.

그러나 인터랙티비티의 의미는 전혀 포함하고 있지 않았다.

▶ 오늘날

통신 판매와 함께 상업적 반응의 원시적인 형태가 새로이 탄생하였다. 그것은 우리가 이미 장터의 거짓말쟁이나 가격 세일 혹은 기획 판매의 계획자에게서 보아왔던 형태이다. '장악해야 할 사업'의 위급성은 고객에게 활동적이 되어야 한다는 느낌을 준다. 고객은 사실 기초적인 파블로프의 반사로만 반응한다. 즉 조건 반사만을 한다는 것이다.

CD-ROM 위의 시청각적 카탈로그나 통신망의 온라인 3D 멀티미디어 카탈로그와 함께 우리는 반응하는 것에서 선택하는 것으로 나아간다.

방문자는 자신이 탐험할 길과 공급 선택의 개인적인 열쇠를 선별하고, 어떤 상품이나 서비스에 대한 줌 기능을 이용하고, 데모 프로그램을 보고, 기술적인 설명서를 읽고, 그 기원을 재구성하거나 그것이 어떻게 제조되었는지를 볼 것이다.

온라인 카탈로그의 편이성은 그 영구적인 재활성화를 가능케 하고, 사실상 살아 움직이고 매력적인 상품 판매를 위한 도구들을 마련해 준다.

▶ 내일

진정한 혁명은 능동적이고 전진하는 상업이 될 것이다. 거기에서 고객은 공급자의 능력과 가격에 따른 추론에 의하여, 또한 다수의 조언자들과 정보의 근원지와의 대화에 의해 실시간으로 '자신의' 상품이나 서비스를 주문하고 개인화할 수 있다.

'온라인' 시스템에 대한 연습

온라인 상업은 아직 초보적인 경험 단계에 놓여 있다.

하지만 이미 많은 수의 '상거래 센터'가 인터넷에 존재하고, 더구나 거기에서 다수의 기업들이 지금까지 상점이나 카탈로그 혹은 텔레비전으로 찾으러 다녀야 했던 상품과 서비스를 소개하고 있다.

전자 인터랙티비티는 시장에 있어서 하나의 꿈을 표상한다. 왜냐하면 거기에서는 어떠한 기업도 아무리 규모가 작다 하더라도 24시간 안에 세계 시장으로 진출할 수 있기 때문이다. 인터넷 개통 비용인 1개월에 1백 달러 정도로, 기업에게 있어 자회사를 알리고 제품을 팔 수 있는 기회는 이론적으로 10배가 되는 것이다.

금융 거래의 안전성에 관한 문제로 인해 아직 초보적이고 제한적이긴 하지만, 인터넷 상거래의 신화는 이미 성공 수기와 영웅들로 가득 차 있다.

＊ Roswell 컴퓨터 서점은 매우 작은 출판사로, 캐나다 노바 스

코샤 지방의 핼리팩스에 있는 일반적인 서적 카탈로그를 출판하는 회사였는데, 온라인 망에 들어선 이후로 아메리카 대륙 밖의 고객들과 함께 수익이 3배로 뛰어올랐다.

* CHC International사는 3년 동안 그들 주식이 월 스트리트에서 38배나 오르는 것을 경험하였다. 그것은 그들이 3천1백만 미국인 고객들에게 정보 통신망을 통해 소비재와 시설재 상품들에 대한 가격, 품질, 구매에 관한 조언, 주문, 배송, 애프터서비스를 제공하고, 아울러 25만 개의 다른 사이트 상품들을 비교한 시각적 자료를 일람표 형식으로 제공한 덕분이다. 고객들은 각자가 자신의 관심 분야와 앞으로의 소비 계획과 조건(가격, 품질, 특정한 사용 목적 등)에 따라 마음대로 사이트를 드나들 수 있다. 소매 상인을 생략함으로써 CHC International사는 회원으로 가입한 고객들에게 최고 50퍼센트의 가격 할인을 해줄 수 있었고, Usines Center나 Warehouses · Cash-and-Carry 같은 곳의 마진과 비교할 때 반밖에 안 되는 마진으로도 수익을 올릴 수 있었다.

전자 마케팅은 가정의 물질적인 소비를 떠나서 사업(비즈니스 투 비즈니스(B2B), 재정적 정보, 보험 등) · 의약업(진단, 원거리 진찰) · 법적 분야(자문, 기업의 재정적 · 법적 구조의 분석) · 교육 분야(통신 교육)에 있어서도 투자를 한다. 모든 사업 · 경제 · 산업 · 서비스 기관들은 미래의 인터랙티비티를 대표하는 새로운 시장으로 향한 이 특별한 통로를 활용하고자 한다.

▶ 통신망 사용자를 사로잡으면서 선택성에서 전진성으로 이행하기

선택적 원거리 마케팅의 결정적인 공헌은, 대규모 접속 가능성이나 멀티미디어의 창조성에 있다기보다는 검색의 지능성을 발생시키는 능력에 있다.

사실 우리는 '사용자 사로잡기'가 진정한 마케팅 전략이 되는 세상으로 들어가고 있는 것이다.

통신망의 미로 속에서 방향잡이 마케팅은 유료 서비스의 새로운 활동들을 발생시키게 될 것이다.

* '소비자 운동가'적이고, 정보를 주며, 비교 가능한 데이터 베이스.
* 단계적이고 개인적인 기준에 따라 미리 선별된 '지능적인' 전문가 시스템.
* 가장 자주 이용하는 서버에 대한 '개인적 카탈로그'와 사적으로 자주 가는 경로를 기억해 두기.

통신망에서의 원거리 마케팅은 양적으로 매우 큰 성장 국면에 이르렀다. 하지만 이 세계적인 가상 슈퍼마켓의 필요 불가결한 지침이 될 인공 지능의 질적 과정을 정의내릴 필요가 있다.

▶ 개인 수요에 맞춘 마케팅을 향하여

이러한 미로의 문제를 해결해야 하는 긴요한 상황하에서 우리는 변혁, 즉 상업 논리의 혁명에 대해 언급할 수 있을 것이다. 고객이자 소비자는 사령탑 위에서 정보와 직업적 전문 지식을 향한 직접적인 통로를 열어 주는 지휘관의 눈으로 조종실에 자리잡고 있다. 그는 모든 부가적인 선택 사항들을 비교할 수 있고, 자신의 개인적인 기준에 따라 개발된 긍정적인 맞춤 구매를 할 수 있다.

동시에 마케팅 권력의 중심 센터는 인터랙티비티에 힘입어 자신의 희망 사항을 즉석에서 개인적으로, 혹은 집단적으로 표현해 내는 소비자 쪽으로 완전히 위치를 이동하고 있다.

산업 논리는 이러한 변혁과 동반자가 되어야 할 것이다.

우리는 특정 대중 생산물의 장기적인 판매에 성공한 독점 생산자의 단일성으로부터 인터랙티비티가 다양성과 개인의 필요가 얽히는 대로, 규율을 넘어서, 일시적인 가상 국경의 경계 없이, 비합리적인 요구에 종종 답하는 수요의 영구적인 유동성을 도입하게 될 시스템을 향하여 진보해 나가야 할 것이다.

통신망의 미로가 방문 고객으로 하여금 길을 잃게 만들 수 있다면, 그 대신 모든 개인적인 충동의 쌍방향 표현은 생산자와 유통업자들로 하여금 구조를 상실한 수요의 엔트로피적 물결 속으로 빠지게 만들 위험성이 있다.

새로운 마케팅은 그것의 개념과 수단과 함께 개발되어야 한다. 그것은 현재 공급에서의 표준화와 개별화된 수백만의 수요가 갖는 무질서한 해프닝 사이에서 균형을 찾아내야 할 것이다. 또한 그 구조는 그것이 가지는 윤곽에 따라 '네트워크의 구조물'과 많이 닮아갈 것이다. 이 네트워크 구조물은 결코 그들 자체가 목표가 된 적이 없고, 오히려 조종자로 변해 갈 소비자의 주위에 자리잡을 것이다.

그것은 외재적이고 동시에 내재적인 마케팅이 될 것이다.

* 매우 정확한 어떤 주체에 대해서 내재적이 되어야 하는데, 그것은 가장 '정교한' 상품이나 서비스의 검색을 통해 자신의 가상 전자 인격을 성숙시키는 사이버 소비자들이 가지는 극도의 전문성과 의무적인 요구에 부응하기 위해서이다. 만능 생산자가 되기는 어려운 일이다. 만능 경영인은 통신망 속의 상업적 항해에 있어서 가이드, 방향 제시자, 혹은 컨설턴트가 되어야 할 것이다.

＊ 이러한 고도로 전문화된 장소에 충분한 수의 고객을 유치하
기 위해서는 외재적이 되어야 한다. 충분한 고객 확보는 국
제적인 활약에 의해서만 가능한 일이다.

전자 마케팅의 관건

▶ 유혹적인 위치 설정의 관건

어떠한 기업도 고객들의 인터랙티브 수요를 모두 만족시킬 수
는 없을 것이다. 하지만 자신의 위치를 매우 명확하게 설정해야
하고, 멀티미디어 기술에 힘입어 데모 형식으로 정확하게 보여
줄 수 있어야 하며, 또한 자신의 주소를 찾고 조사하고 알리고
쉽게 찾아올 수 있도록 하는 데 주력해야 한다. 전자 인터랙티
비티는 마치 원예가가 식물을 가꾸듯이 소비자들을 '가꾸어야'
하고, 그들을 충실하게 만드는 것은 도시적 상업에서보다 훨씬
중요한 일일 것이다. 왜냐하면 경쟁과 소비자를 유혹하는 사이
렌 소리가 복잡한 미로 속에서는 더 많을 것이기 때문이다.

오늘날 우리는 어쩌면 어떤 공급에 대한 수백만의 가상 고객
의 관심을 끌기 위해서 뿐만 아니라 그 사이버 소비자들을 그들
의 사이트로 지체 없이, 그리고 길을 잃지 않고 끌어들이기 위
해서 해야 하는 실제 광고를 위한 노력을 게을리 하고 있는지도
모른다.

사이버 상인 시대의 광고는 '전자 방랑자를 위한 안내인'이
될 것이다.

▶ 생산 시스템의 관건

대중 마케팅에서 대중 주문 생산을 향해

재화와 용역의 생산 전문화(혹은 멀티 전문화)도 인터랙티비티 경험이 개인적인 나르시시즘을 극도화시킨 고객의 취향을 쉽게 만족시킬 수는 없을 것이다.

유희적 자극과 개척자의 엘리트주의와 결합한 전자 상업의 첫 몇 년간은 이러한 경향에 더욱 강조점을 두어야 할 것이다. 즉 사이버 구매자들은 맞춤에 있어서 보다 까다롭다는 것이다.

기업인들은 따라서 신속하게 대중 주문 생산을 발전시켜야 할 것이며, 그것은 공통된 기초에서 출발하여 조심스러운 표준화에 이르기까지 어떤 상품의 개인화라는 극도의 유연성과, 신속하고 경제적인 생산 능력을 결합시키는 일이 된다.

그들이 그것에 도달하지 못한다면 상업 권력은 전자 유통업의 가이드 회사로 넘어가는 것이 확실하고, 그들 회사에서 고객은 경쟁적 다양화 속에서 자기 발에 딱 맞는 신발을 찾아낼 수 있을 것이다.

▶ 방법에 있어서의 관건

끝으로 2000년의 온라인 인터랙티브 마케팅은 무관심화된 익명의 대중(젊은층, 40세 미만의 주부, 장년층, 간부들……)과, 절대적이고 관리하기 힘들며 개인화된 유토피아 사이에서 소비자의 자격 부여 방식을 재검토해 보아야 할 것이다.

다차원적 소분할은 전통적 사회 계층과 현재의 대분할을 대신하게 될 것이다.

분야별 유형학은 서로 결합되고 종합되어야 한다. 또한 반대로 생활 방식의 분류는, 어떤 인터랙티브 고객의 집에서 파악된

특징에 근거한 수많은 출입문 열쇠와 함께 더욱 강조되어야 하
고, 더욱 개발되기 위해 보다 유연해져야 한다.

4

미디어에 있어서 인터랙티비티의 영향 : 청중 집단의 활성화를 향하여

정보 산업적 혁명은 우리 사회에서 미디어가 갖는 역할에 근본적인 문제 제기를 함축하고 있다.

미래의 미디어는 여러 가지 새로운 사실들을 고려해야만 할 것이다.

* 쌍방향 원거리 정보에 관한 멀티미디어 테크놀로지는 생활 방식의 다양화를 조장할 것이다.

* 모든 인터랙티브 통신망은 고전적 미디어의 경쟁자가 된다.

* 이 신규 경쟁자들은 고유의 해석 체계인 세상을 읽는 그물망을 보유하고 있다. 세상읽기는 그 주체에 따라 자동적으로 행동한다는 점에서 전통적 미디어보다 훨씬 유동적이고 무한히 복잡하다.

* 그러나 특히 통신망은 전통적 미디어가 가진 동기 유발과는 상이한 동기 유발에 응답한다. 전통적 미디어의 동기 유발은 강력하게 동일시되는 발신인의 교조적인 담화에 기초한 것이었고, 그 속에서 청중은 읽기나 듣기의 행위 속에서 신봉자가 된 것으로 여겨졌었다. 마치 하나의 종교처럼 말이다.

▶ 청중들의 동기 유발에 있어서의 진보

쌍방향 원거리 정보의 새로운 방식은 오늘날의 사회에서 증대된 필요에 부응해야 할 것이다.

* 방향을 상실한 것처럼 지각되는 세상에서 지표와 모델의 필요성.
* 익명의 세상에서 인정받는 것의 필요성과 심리적·지리적 근접성, 대표의 필요성.
* 점점 더 무관심해지는 세상에서 대화와 경청의 필요성.
* 살아가기 힘든 세상에서 탈출, 꿈, 유토피아, 타협의 필요성.
* 점점 더 부조리하게 지각되는 세상에서 궁극성과 의미의 필요성.
* 보조적 성격의 절대적인 필요성: 모든 표현 의도에 형태를 부여하고 귀기울이는 것. 독자와 청중을 가로지르는 힘의 조류를 공식화하고 정리하기 위해 매체(중개자)의 고유한 성격을 잊어버리는 것.

▶ 매체 기능의 급격한 변화

인터랙티비티는 기존의 한 주체에 대한 담화의 총체를 즉각적으로 배열하는 것을 가정한다. 이러한 즉각성은 핵심에 대한 문제의 새로운 제기를 나타내고, 매체의 성향과 여과기, 혹은 형태를 만드는 자, 중개자, 매개물이 되는 것의 자질을 표상한다.

이러한 중개의 가치는 수요가 충분히 많은 시기로부터 어떠한 기존의 주체에 대해서 대화 공간을 창출할 수 있는 것으로서 자신의 행보를 결정해야 한다. 왜냐하면 그 가치는 자유로이 움직일 수 있는 유동성과 주의 깊은 경청을 필요로 하고, 표현의 의지에 활기를 불어넣고, 그것을 종합하고, 매체의 내용물 속으로 그것을 반영할 수 있는 능력을 갖고 있어야 한다. 매체의 내용물은 사회적인 조직망의 다양한 가능성을 대표하는 새로운 전자 집회장을 제공해 주는 사회의 가상 주도자가 될 것이다.

각각의 독자와 청중·TV 시청자·사이버 항해자들은 잠재적으로 이 새로운 집회장의 명예 통신원, 특파원, 임무 수행자, 실험자, 로비스트, 살아 있는 도서관, 지식 보유자, 특권적인 증인, 중대한 목소리가 될 것이다.

이 혁명의 관건은 이러한 유형의 관계를 행동으로 옮기는 것과 현장에서 실천하는 능력이 될 것이다. 이러한 행동으로의 이행은 중개적인 세상에 대한 새로운 비전에 적응하기 위한 진정한 전환점이 될 것이다.

▶ 매체 분야 기업들의 구조 조정

인터랙티비티의 세상에서 매체는 고객 집단과 가상 도시의 건설자들을 끌어모으기 위해 '마법사'가 되는 법을 배워야 한다.

각각의 매체는 제각기 미니 인터넷이 되어야 한다.

현재의 형태를 유지하면서 모든 매체는 되도록 신속하게 통신망 속에서 다중 매체가 되어야 한다. 그것은 시간과 공간의 장벽을 부수면서 청중들의 소규모 공동체를 생겨나게 하기 위함이다. 각각의 상호 작용 공간은 1명의 기자나 혹은 새로 생겨날 직업인 '사이버 저널리즘'에 의해 활성화될 것이다.

매체는 따라서 이 새로운 포착의 경제에 있어서 첫번째 주역이 되어야 한다. 또한 매체는 이러한 메타미디어에 알맞게 만들어진 새로운 약호들에 의해 인터랙티브 네트워크에 소비와 정보의 장소를 구축하면서, '가상 집회장과 마을의 최초 주역들'과 함께 그들의 의견 조건을 조직하여 고객 집단의 충성심을 조장할 줄 알아야 한다.

▶ 네트워크상의 다중 매체를 위한 시나리오

우리는 다중 매체가 사이버 청중들에게 일련의 집회장과 정보의 저장고를 제공하고, 동시에 그것을 변경하기 위한 도구까지도 제공할 것임을 상상할 수 있다.

1. 철학적 집회장

장치의 중심에서 매체의 철학, 직업적 신념, 그것이 하고자 하는 역할, 그것이 수행하고자 하는 기능은 **최초의 '저장고'**를 이루게 될 것이다. 인터랙티브 청중들은 거대한 경향과 그 매체 속에서 그들이 찾고자 하는 위치의 포착에 관해 토론하도록 권유받게 될 것이다. 물론 '가입자'들만이 이러한 회합에 참여할 수 있다.

2. 서비스의 집회장

편집 분야 자체도 하나의 서비스가 될 것이다. 왜냐하면 영구적이고 자동적으로 활용 가능한 기록 보관소 내에서 키워드만 치면, 이 매체의 고유한 정보 은행 속을 마음껏 항해할 수 있게 해주고, 어떠한 주제에 관련된 모든 기사들을 찾아낼 수 있게 될 것이기 때문이다.

또한 제안된 모든 기사와 프로그램이 각각의 독자·청중·TV 시청자의 선호성과 흥미에 따라, 개인화된 키워드 시스템에 응답하는 선별적 정보 시스템을 제공하게 될 것이다. 각 개인은 필요에 따라 자신이 선별한 바에 따른 주문 도서관을 검색할 수 있는 가능성을 가질 것이다.

우리는 거기에서 매체의 성격과 특수성의 관계 속에서 제품을 보다 잘 소비하기 위한 조언·요령·기회 등을 발견하게 될 것이다.

3. '글로벌한 말하기와 구매하기'를 위한 집회장

이것은 여러 매체 그룹의 집합을 필요로 하며, 다음 사람들에게 국한된 것이 될 것이다.

* '중개자 집단'에 소속된 인터랙티브 청중들. 예를 들어 상투적인 것들 속에서, 뉘앙스와 변화를 도입하기 위해 제기된 문제들에 지역적인 색채를 적용하고 비교하면서 미디어의 고유한 주제에 대한 경험을 교환하기를 바라는 '뉴스 매거진'의 독자들, 여성 잡지나 여행 잡지, 혹은 인테리어 잡지의 독자들이 그들이다.

* 흥미의 중심이나 소속 집단의 여과 장치 덕분에, 전자 우편 주소를 교환하기 위해 서로 연결되기를 바라는 세계에 분산되어 있는 모든 사람들. 인터랙티브 미디어는 '큰 카페' 스타일의 연회장에서 방향 설정의 역할을 하게 될 것이다. 우리는 그것에서 국제적인 광고들을 보게 될 것이다. 광고는 따라서 진정한 구매 지대로 들어가는 출입 열쇠, 잠재적 상점, 어떤 상표나 여러 상표 그룹의 '갤러리아'가 될 것이다.

4. '지역적 말하기와 구매하기'를 위한 집회장

이것은 지역 생활의 조직에 국한될 것이다. 지역 사회의 조직은 출구, 만남, 건의서의 서명, 조사, 자문, 제멋대로 행해지는 상업적 제안이나 공격을 피하기 위한 '네트워크맨'의 친절한 시선 아래에서 채팅에 의해 이루어진다.

상표나 상업에 있어서 계약 형태는 거래의 규모와 네트워크의 요구 가치에 따라 그 기능이 결정된다. 근접성의 상업은 판매 촉진 전략을 펼칠 수도 있고, 가상 길거리 위에 단골손님의 구역을 정해 놓을 수도 있으며, 출입 열쇠의 기능을 하는 선별된 물건들을 장치해 놓을 수 있다. 즉 그것은 미디어의 본질이며, 동시에 소비자의 의문에 대답하는 것이다.

5. '여가 선용을 위한 회합'의 집회장

이것은 기분 전환, 유머, 제멋대로의 정보, 다운받을 수 있는 아름다운 그림들, 여러 번 되풀이하여 할 수 있는 각각의 매체를 위한 오락 등에 한정된다.

6. '심사숙고를 위한 회합'의 집회장

이것은 통신망에서의 만남이 이루어질 때 미디어의 편집에 의해 활성화된 대규모 토론에 한정된다. 이러한 만남은 어떤 한 사이트에 초대된 각각의 상이한 개인들간의 쌍방향 대화의 형태를 취할 수 있다. 이것이 바로 명확한 문제들에 대해 각 개인이 설명을 요구할 수 있는 'X 매체의 회합'인 것이다.

이것은 텔레비전의 일부 프로그램에서 사이버 항해자들에 의한 개입을 화면에 삽입함으로써 이미 실행에 옮긴 바 있다.

인터랙티비티는 매체들에게 있어서 보조성의 원칙을 내포하고 있다. 또한 모든 청중들의 집회소에서 '리포터' 역할을 할 뿐만 아니라, 동시에 다루고 또 심화시켜야 할 주제를 건져올리기 위한 모세혈관 현상의 원칙을 내포하고 있다. 이러한 새로운 통신망의 활성화는 전달된 내용만큼이나 중요한 관건이 된다. 이러한 포착 경제는 연결성과 한 매체의 단순한 왕래를 넘어서는 함축성을 필요로 한다. 그것은 바로 삶의 철학을 공유하는 것이다.

5

커뮤니케이션에 있어서 인터랙티비티의 영향 : 대중 사회에서 개인 사회로

멀티미디어의 기술적 진보에 의해 생겨난 문화적 혁명은, 그것이 개인과 경제·정치적 다른 주역들 사이의 관계 방식을 뒤흔들어 놓았기 때문에, 무엇보다도 커뮤니케이션의 혁명이었다.

도래하게 될 대중의 인터랙티비티 실행——각각의 개인이 정보의 발신자가 될 수 있다——은 대중 커뮤니케이션에 관련된 직업을 만들어 낸 기초가 된 개념을 다시 생각해 보게 만들 것이다. 인터랙티비티의 실행은 경제적·정치적·문화적 목적을 가진 메시지 발신자들의 집합으로 하여금, 인터랙티브 커뮤니케이션 분야의 직업적 실행을 위한 진정한 양성 과정을 취득하게 한다. 그것은 커뮤니케이션과 대중 광고가 존재하지 않았던 때에 확립되었던 대중 차원의 본질적인 관계, 즉 개인과 개인, 구매자와 판매자, 당선자와 유권자간의 본질적인 관계를 재발견하기 위함이다.

상업적 커뮤니케이션에 있어서 기대되는 변화

▶ 개별화되고 개인적인 메시지의 요구자로 더 잘 알려진 소비자

지리학적에서 유형학적으로

과잉 정보의 사회에서 단골 구역은 더 이상 지리학적이기보다
는 유형학적인 것이 될 것이다. 실상 인터랙티비티는 각 개인에
관해 정확하게 알 수 있고, 방대한 양의 정보를 수집하고, 그 정
보들을 이용하여 소수의 목표 지점에 적용할 최대한의 해답을
구성할 수 있는 가능성을 제공한다. 광고자들이 **산출된 공급과
수신인 기능을 하는 커뮤니케이션을** 정의하는 것으로 이끌려 가
는 것은, 이러한 계속적이고 직접적으로 공급되는 자료의 메가
베이스를 수집하고 관리하는 것으로부터 시작된다. 그들 제품의
소비자들을 찾아내는 것 대신 기업은 진정코 복수적인 소비자들
을 위한 상품을 만들어 내야만 할 것이다.

혼잣말에서 대화로

오늘날 정확한 정보의 결핍은 상업적 관계를 혼잣말의 교환으
로 국한시켰다. 하지만 미래의 디지털 기술은 상표와 소비자 사
이의 진정한 인터랙티비티를 가능하게 해줄 것이다. 그럼으로써
브랜드가 갖는 최초의 이점은 이러한 직접적인 대화 속에서 소
비자와, 그의 취향이나 개인 프로필에 대해 사적으로 보다 잘 알
수 있는 도구를 찾을 수 있다는 것이다.

대중 매체에서 사적인 정보로

유일하게 받아들여질 수 있고, 흡수 가능한 정보가 나에게 사
적으로 국한되는 정보인 이러한 과잉 정보의 환경(TV · 온라인
……) 속에서 소비자에 대한 세밀한 지식은 더욱 긴요한 것이
될 것이다. 내가 누구이며, 내가 기다리는 것이 무엇이며, 내가
좋아하는 것, 나와 관계된 것, 내가 말하는 방식, 나의 사회문화
적 환경과 그에 관련된 약호들을 염두에 두지 않는 정보는 내팽

개쳐질 것이다.

오늘날 일 대 일의 마케팅은 소비자에 대해 긴밀하게 알 수 있게 해주며, 또한 소비자의 세밀한 개인 정보에 의해 조준된 공급을 제안할 수 있다.

한 유명 화장품 브랜드는 이미 대략 20만 장의 조사서에서 나온 데이터에 따라 2백 명의 여성 소비자의 프로필을 규정하고, 각자의 취향에 따라 개별화되고 짜여진 제품 공급과 인사말을 보내 준다. 그 공급이란 소비자 각자의 정확한 심리적·사회적 프로필과 소비 성향이 갖는 특수성을 반영하고, 또한 여성들의 문화적이고 기분 전환을 위한 취향에서 나오는 변화 가능성도 함께 고려하게 된다.

개인에서 개인으로

데이터의 메가베이스가 생겨남에 따라 인터랙티비티는 이러한 단계를 일반화시키고 확장시키며, 또한 그것으로 진정한 개념적 도구를 만들고, 제품의 상업화와 개인화된 관계의 창출을 가능하게 하였다. 브랜드는 그 자체의 이야기를 확립하기 위해 제품에 대한 기대치뿐만 아니라, 개인의 감정적이고 문화적인 바람까지도 고려할 수 있다. 다시 말해서 인간 개인과 개개 브랜드간의 진정한 관계를 창조해야 한다는 것이다. "테크놀로지의 힘으로부터 근접성이 재탄생한다."

▶ 소비자가 소비의 주역이 된다

현재의 매체와 유포자라는 매개를 제거하고, 기업과 소비자간의 직접적인 연결선을 창출하는 것은 새로운 판매 과정을 가능케 한다. 그 속에서 커뮤니케이션과 상업화는 긴밀하게 얽히게 될 것이다. 각각의 브랜드는 그들 고유의 점포와 카탈로그, 독자적인 커뮤니케이션 접촉을 만들어 낼 수 있을 것이다. 이것은 개별화 판매 행위로의 회귀이다.

이러한 과정에서 커뮤니케이션은 직접적인 마케팅과 기술 향상, 눈길을 끌기 위한 영상 광고 테크닉의 실현을 가능케 하고, 동시에 구매 행위를 촉진시키는 역할을 한다.

이러한 현상은 유명 항공사 중 하나가 웹 사이트에서 할인된 가격으로 티켓 판매를 시행한 것에서 볼 수 있다. 일정한 수의 티켓은 한정된 기일 동안 가격이 정해져 있었고, 계속해서 가격이 내려갔었다.

이러한 직접적인 구매 커뮤니케이션은 테크놀로지의 매개에 의해, 인간적인 반응과 상호 관계적 풍요로움을 재구성해야 하는 새로운 창조적 접근을 내포하고 있다. 이것은 인간적인 반응과 상호 관계적 풍요로움이 개인의 구매라는 본질적인 행위 속에서 구성된 것과 마찬가지이다.

인터랙티비티: 직접적인 연결선

기업과 소비자간의 직접적 연결선의 창출은 그에 따른 요구 사항들을 동반한다. 그것은 단절 없는 경청과 답변 관계의 성립을 내포한다.

'E-메일'의 실행은 소비자의 요구를 더욱 확장시킨다. 어떤 브랜드가 가지는 이미지는, 그것이 그의 멀티미디어 대화자와 구축하는 관계와 그것이 구축할 수 있는 대화의 질에 점점 더 많이 의존하게 될 것이다.

한 브랜드가 유지할 수 있는 관계의 질은, 따라서 그 브랜드 이미지에 있어서 점점 더 지배적인 기준이 될 것이고, 단순히 브랜드의 서비스 차원으로 국한되지는 않을 것이다.

▶ 잡아둘 수 없지만 대화 가능한 대화 상대자: 여기에서 그들의 시간은 고려되지 않는다

청중잡기 낚시에서 서퍼 사냥으로

전통적인 광고에 있어서 오늘날의 매체는 거의 필요 불가결한 것이다. 전통적 광고의 일상 세계에서 개인은 대부분의 광고 메시지를 받아들이게 되고, 채널을 수시로 바꾸는 최근의 문화 현상인 재핑(zapping)만이 유일하게 광고 메시지를 거부하기 시작하였다. 모든 광고에서의 창조는 어느 정도 사로잡힌 시청자들의 관심을 유지하고, 그 메시지의 기억을 조장하기 위해 전통적으로 메시지의 충격 효과 위주로 조직되고 있다. 온라인 문화 속에서 자신만의 청중을 산출하는 것은 바로 메시지이며, 많은 대화자들에게 동기를 유발하기 위해 충분히 매력적인 것이 되어야 하는 것도 메시지의 몫이다.

참아야 하는 시간에서 선택하는 시간으로

인터랙티브 문화 속에서 소비자의 선택이 갖는 위력은, 재핑이 멀티미디어의 일상적인 실행 방식이 되어 버린 것과 비슷하다. 하지만 매스미디어에 역행하여 멀티미디어는 1명의 대화자와 실제적으로 무한한 시간을 보낼 수 있는 가능성을 제공한다. 메시지의 수신자와 함께 과거의 시간을 결정하는 것은 더 이상 TV나 라디오 같은 매개체나 접속 비용이 아니라, 우리가 그에게 제공하게 될 메시지의 매력에 따라 기능할 수신자 자신이 될 것이다.

브랜드들은 이렇게 소비자와의 관계에 있어서 새로운 공간을 열 수 있는 기회를 갖게 될 것이고, 거기에서 소비자는 이러한 관계를 장려하고 유지하며, 돈독히 하기 위해서 브랜드에 관심

을 갖게 될 것이다. 메시지가 갖는 내용의 풍성함과 타당성, 그리고 관심이 어떤 메시지와 함께 하는 소비자에 의한 과거 시간을 결정하게 될 것이다. 반대로 무기력·권태·무관심은 다른 메시지나 다른 활동 쪽으로 메시지 수신자의 탈출을 조장할 것이다.

단순한 창출에서 반응을 창출하기로

광고자는 대중에 초점을 맞추기 위해 그들이 기울여야 하는 전략적인 노력과 더불어, 매우 섬세한 방식으로 대중의 눈길을 끌기 위해 어떤 창출을 이끌어 내야만 한다. 또한 그들의 관심을 불러일으키고, 자사의 공급과 멀티미디어 메시지에 지속적인 흥미를 보이도록 하기 위해 부가적인 가치를 창출해야 할 것이다.

▶ 멀티미디어 대화자 : 하이퍼텍스트 연락자

합리성에서 클릭하기로

인터넷이 예고하는 바대로 멀티미디어의 시행은 새로운 사고 방식에로의 적용을 내포하고 있다. 즉 그것은 하이퍼텍스트적 언어를 말한다. 미니텔이 하나의 예증이 되듯이, 실상 발신인과 수신인이라는 고전적 사고 방식은 연역적이고 선적인 사고 논리에 속한다. 그것에 따르자면, 나는 논리적인 메시지의 연결에 근거하여 구성된 생각을 전개시키게 된다.

하이퍼텍스트적 사고 방식은 결합적인 단계에 특권을 부여한 수평적인 사고 방식이라 할 것이다. 웹상에서 한 메시지의 구성은 시작도 없고 끝도 없으며, 중간도 없다. 우리는 결합적인 성격의 연결로 이루어진 조직망 속을 항해할 뿐이다.

네트워크상에서 각 개인은 아무런 제한 없이, 아무런 지침 없이, 자신의 직관과 **욕망**에 따라, 서버에 의해 제안된 **검색어**가 제공하는 **기회**에 의거하여 **역동적으로** 자신의 '항해'를 행한다. 거기에서 항해자는 한 아이디어에서 다른 쪽으로 마음대로 서핑할 수 있다.

말에서 개념으로

네트워크상에 소개되기를 바라는 브랜드는 우선 일정량의 검색어 주변에 자신만의 고유한 의미론적 세계에 근거한 **영역**을 확보할 줄 알아야 한다. 항해의 진정한 중개자인 이러한 **검색어**는 이중적인 기능을 가진다.

* 유혹과 호기심을 불러일으킬 수 있고, 브랜드의 사이트에 접속하는 것을 늘릴 수 있는 **개념어**가 되는 것.
* 브랜드의 네트워크 제공에 있어서의 다양성을 소개하는 패스워드가 되는 것. 즉 자기 사이트에 그 브랜드가 올리는 여러 상이한 주제들을 의미한다. (기업에 대한 정보에서 제품에 대한 설명, 조언, 제품의 판매와 서비스 등.)
* 다른 사이트들을 향한 **중개 단어**가 되는 것.

오늘날 웹상에 올라 있는 너무도 많은 브랜드들은 즉석에서 일어나는 단발적인 방문을 단순히 그 브랜드 네임에 의거하여 생겨나는 것이라고 생각한다. 브랜드들은 브랜드를 향한 방문을 만들어 내야 할 필요에 대해 고려하지 않고 있다. 또한 이러한 방문이 브랜드의 능력을 바탕으로 생겨나서 하나의 교차로, 즉 네트워크상에서 여행자들의 호기심과 관심을 끌기에 적당한 말들의 집합으로 이루어진, 일종의 의무적으로 통과해야만 하는 지점이 될 것이라는 것도 생각지 않고 있다.

첫번째 기회인 웹의 정복

자신의 영역을 표시하기 위한 깃발꽂기

웹상에 존재한다는 것, 그것은 이름이 알려지는 것, 이미지, 그리고 소비자와의 관계의 측면에서 하나의 위치를 차지함을 뜻한다.

'웹 리더십'을 갖는다는 것, 그것은 자신의 현대성과 역동성, 미래에 대한 확신을 공고히 하는 것이다.

어떤 사이트를 만들어 내는 경험을 한다는 것, 그것은 이미 인터랙티브 커뮤니케이션의 내용적 풍성함을 이해한다는 것이다. 인터랙티비티가 TV라는 매체 내에서 모든 사람들과 전자 상거래를 위해 실제적으로 유용한 것이 될 때, 우리는 텔레비전에서 인터랙티브 커뮤니케이션을 발전시켜 나가게 될 것이다.

단일 메시지에서 멀티메시지로

유일한 판매 제안에서 다양한 형태의 판매 제안으로

오늘날 한 사이트를 만든다는 것은 다음의 여섯 가지 목적에 답할 수 있는 능력이 있다는 것이다.

1. 포착하라: 방문자와 청중에 대한 도전.

2. 사로잡으라: 콘텐츠에 대한 도전.

3. 안내하라: 사이트의 큰 규모에 대한 도전.

4. 대화하라: 인터랙티비티에 대한 도전.

5. 자신의 사이트를 살아 숨쉬게 하라: 사이트의 활기에 대한 도전.

6. 판매하라: 전자 상거래에 대한 도전.

▶ 1. 포착하라 : 방문자와 청중에 대한 도전

멀티미디어의 여행자를 포착하는 것, 그것은 그의 네트워크 내에서 여행자의 눈길을 끄는 것이다. 다시 말해서 가상 문화와 연합적 사고 방식에 적응하는 것이고, 이 매체 내에서 자신의 사이트를 향해 최대한의 잠재적인 고객층을 흘려보내기 위해 필요한 지표가 무엇인지를 이해하는 것이다.

정보의 고속도로 위에서는 필수적으로 통과해야 하는 교차로 지점에 자리잡을 줄 알아야 한다. 즉 'Wall drug' 효과를 만들어 내야 한다. '월 드러그'란 다코타 주 남쪽의 한 약국의 이름에서 나온 말로, 그 이야기는 웹상에서 실천해야 할 영민함을 예시해 주고 있다. 고속도로 건설의 초기에 고속도로에서 멀리 떨어져 있는 약국을 운영하고 있던 테드 허스티드란 사람은, 고속도로 운전자들이 자신의 약국 방향으로 우회를 하도록 만드는 아이디어를 생각해 냈다. 그것은 시원한 물과 깨끗한 화장실이 있다는 간단한 안내 표지판을 세우는 것이었다. 그 이후로 서부로부터 오는 사람들을 위해서 그곳은 필수적인 정차 지점이 되었고, 예찬의 장소, 미국의 추억에 대한 진정한 하이퍼마켓이 되었으며, 매년 수십만의 관광객들이 그곳을 방문하게 되었다.

따라서 과잉 정보의 세계에서, 당신은 당신의 사이트를 방문하러 오도록 웹 여행자들을 부추길 줄 알아야 한다.

그것을 위한 첫번째 행동은 웹상에서 브랜드의 존재를 알게 만드는 것을 목표로 해야 하고, 전통적인 광고는 그 역할을 모두 수행할 수 있을 것이다. 새로운 매체는 구매체에 의해 다음과 같은 목적하에 원조를 받을 필요가 있다.

* 사이트의 성장을 촉진시키기 위해.

* 내용에 대해 알리기 위해.
* 주소를 알려 주기 위해.

인터랙티브 언어를 발명하기, 즉 웹을 말하기

한 사이트의 방문을 조장하기 위해서는 자신의 고유한 하이퍼텍스트적 영역을 구성할 줄 알아야 한다. 다시 말해서 당신의 사이트로 들어가기 위한 지점을 구성하는 키워드를 규정지어야 한다는 것이다. 브랜드 네임을 떠나서, 그것은 **사이트의 개념을 정의하는 것**이고, 동시에 한 브랜드의 상상적 세계와 비전·자질들을 구성하는 모든 단어들을 규정하는 것이다. 그 단어들은 발견하기 위해 찾아다니는 웹 여행자들에게 한 사이트의 문을 열어 주는 하이퍼텍스트적 연결선이 될 것이다.

예를 들어 'New Balance Cyberpark' 라는 뉴밸런스 스포츠화의 사이트는 '달리기'·'건강'·'양호함' 등의 수식어 주위에서 표시되고, 더 많은 패스워드들이 그 사이트의 입구가 될 수 있으며, 사이버파크의 개념을 풍요롭게 할 수 있다.

다가올 미래에 사이트들간의 차이는, 모든 다른 창조 행위에 있어서와 마찬가지로 개념들의 질, 즉 웹 여행자들의 호기심과 관심을 끄는 능력에 의해 판가름날 것이다.

▶ 2. 사로잡으라 : 콘텐츠에 대한 도전

소비 사회에서 정보와 레크리에이션의 사회로

브랜드가 공급해야 하는 것은 사이트의 풍성함과 브랜드의 너그러움의 문제이며, 그 브랜드의 순수 상업적 공급과 연결된 부가 가치의 문제이기도 하다.

한 브랜드가 정당한 부가 가치를 창출할수록 그 브랜드는 방문받을 기회를 더욱 많이 가지게 되고, 방문자들도 더욱 그 사이트를 방문하는 데에 시간을 투자할 욕구를 느끼게 된다.

한 브랜드가 부가 가치를 적게 창출할수록 그 브랜드는 방문자의 수가 줄어들 위기에 처하게 될 것이고, 웹 방문자들의 최소한의 권태감으로도 무시당하는 사이트가 되어 버릴 것이다. 한 사이트를 방문해서 머무는 시간은 바로 무관심과 직결된다.

콘텐츠에 대한 도전은 실상 웹에서 창의성에 대한 도전과 맞물린다 할 것이다.

가상 공간에서 브랜드가 가지는 콘텐츠란 어떤 것인가?

• **기업에 대한 정보,** 브랜드, 제품 등은 한 사이트의 기본적 구성 요소이며, 그 사이트의 내재적이고 외재적인 목표의 집합체를 목적지로 한다.

• **사이트의 부가 가치:** 한 사이트의 이익을 산출하고 생산적이고 특정한 공급을 제안하는 것은 바로 그 브랜드의 능력이다. 이것은 브랜드들에게 있어서 새로 부여받은 논설위원직 기능이다. 다시 말해서 원조·조언·정보 및 방문자들의 충성심을 부추기고, 그들에게 실시간에서의 고양된 만족감을 주기 위해 필요한 기분 전환거리들을 제공해야 한다는 것이다.

* **서비스,** 즉 브랜드의 상품과 관련 있는 서비스나 브랜드의 컨셉과 연관이 있는 서비스. 다른 주역들, 즉 언론, 문화나 지식, 재정 등의 다른 주역들과 어떤 파트너십을 체결해야만 하는가?

예를 들어 우리 사이트의 개념이 건강이라면, 우리 사이트의 부가 가치를 높이기 위해 내가 공급해야 하는 조언과 선별된 기사들은 어떤 것이 있는가?

* 기분 전환의 임무: 방문자의 수를 늘리고, 우리 사이트의 흥미를 높이기 위해 경연 대회나 게임 같은 것을 제공해야 하는가?

일례로 Wodka의 Stolinaya 사이트는 여러분에게 칵테일 재료들을 가르쳐 주면서, 당신만의 칵테일을 만들어 낼 수 있는 가능성을 제공한다. 당신이 만든 칵테일은 다른 사람들이 만든 것에 추가되고, 방문자들 전원의 선호도에 따라 평가될 것이다.

방문의 유희적인 측면 이외에, 브랜드는 소비자들의 취향을 직접적으로 발견할 수 있고, 또한 그들 제품과 서비스의 개선을 위한 대화에 직접 참여할 수 있다.

* 교육적 임무: 우리 사이트의 개념은 우리가 교육적 기능을 충족시킨다는 것을 함축하고 있는가?

사이트의 콘텐츠상의 도전이나 제품 소개를 위한 도전은, 그 사이트의 컨셉 주변에서 원조와 조언·정보 등을 가져오는 것이다. 이 컨셉이 널리 퍼질수록 더욱 풍성한 공급이 요구되는 동시에 내포될 것이다. 만약 사이트의 컨셉이 건강이라면, 그 브랜드가 책임질 줄 알아야 하는 것은 건강에 관한 정보와 원조·조언의 세계인 것이다.

▶ 3. 안내하라 : 사이트의 큰 규모에 대한 도전

국내 브랜드에서 국경 없는 브랜드로

어떤 사이트를 만드는 데 있어서 두 가지 구상이 상반된다. 하나는 브랜드의 제안에 관하여 조직된 닫힌 사이트이고, 또 하나는 다른 사이트들로 보내지는 열린 사이트이다.

열린 사이트에서 브랜드는 항해를 보조해 주는 안내자 브랜드가 된다. **브랜드는 조언자의 위상을 차지할 수 있고, 고급 정보의 라벨이 될 수도,** 정보의 가치와 진실함에 대한 보증이 될 수도 있다.

모든 사람이 매체가 될 수 있고, 세계 도처의 모든 주체에 대해 말할 수 있는 세상에서 과잉 정보는 정보의 신뢰도를 죽일 수 있다. 발신자의 신원 확인과 정당성의 인증은 오늘날 당연한 관심거리이다. 웹상에서 각각의 여행자들은 유포된 정보의 보장성과 그것을 발송한 사람에 대한 신뢰도, 그 정보의 가치에 관한 문제를 제기할 수 있다. 웹 여행자들에게 있어서 그러한 의문은 "누구를 믿어야 하는가?"라는 질문으로 바뀔 것이다.

총괄적 브랜드에서 지표적 브랜드로

여기에 **브랜드들을 위한 진정한 기회**가 주어진다. 브랜드는 **명성과 조회 가치**를 대표한다. 또한 브랜드는 하나의 보증서가 된다. 그 보증서는 제시된 정보의 광활함 속에서 길을 잃은 여행자를 익명성을 갖는 세계의 본질적인 행위자로 만들 수 있다. 고급 정보의 안내자 상표와 진정한 지표가 없는 세계 속에서 선별적인 대화자가 되고, 보증서가 되는 것은 바로 브랜드의 몫이다.

사이트의 큰 규모에 대한 도전은 교역을 위한 장소의 확립이라 할 수 있다. 다시 말해서, 가까이에서 자신의 활동 영역이나 목표 지점에 영향을 미치면서 브랜드가 편집자와 연합하는 것이다. 이러한 과정을 겪으면서 브랜드는 최초 콘텐츠의 공동 제작자가 되는 것이다.

▶ 4. 대화하라 : 인터랙티비티에 대한 도전

합리적인 것: 어떤 관계를 발전시켜야 할까? 방문자를 잘 알

기 위해, 또 그가 답변을 써넣고 싶어질 질문지를 만들려면 어떤 대화를 시작해야 할까? 어떻게 그의 인터랙티비티에 대한 욕구를 개발할 수 있을까? 어떠어떠한 제안들에 대해 그가 투표를 하게 하려면 어떻게 해야 할까? 어떻게 관계를 유지해야 할까? 어떤 성격으로? 얼마나 자주?

브랜드와 고객간에 확립된 관계는 새로운 유형이다. 그 고객들은 물리적인 근접성에 근거하지 않고, 자료 전파의 신속성에 더 근거를 둔다. 당신의 사이트에 끌어들이는 고객의 수가 많아질수록 그들의 관심을 끄는 것은 당신이 제공하는 경험의 질이다.

기업들이 새로운 커뮤니케이션의 매체를 그들의 메시지를 전파하고, 그들 상품의 유포를 확실하게 해주는 단순한 중개물로 본다면, 그들은 고객과의 개인적인 대화라는 인터랙티비티의 주요한 성공 수단을 개발할 줄 모르는 것이 될 것이다.

▶ **5. 자신의 사이트를 살아 숨쉬게 하라 : 사이트의 활기에 대한 도전**

사이트를 만든 이후, 고객 관계의 주요 쟁점은 브랜드가 그 사이트에 활기를 불러일으키는 데에 성공적인 능력을 가졌느냐에 좌우된다.

만약 브랜드가 사이트를 활기차게 만들지 못했다면, 그것은 절망에 빠질 것이고, 이 절망은 직접적으로 드러나게 된다.

사이트의 탄생은 세 가지 축에 의해 조직되어야 한다. 즉 정보의 현실화, 사이트를 풍성하게 하기, 디지털 기술의 지속적인 발전이 가능하게 해주는 표현 방식의 발달이라는 측면에서의 기술적인 현대화이다.

한 사이트는 마치 한 그루의 분재처럼 유지된다. 인터넷 사이트는 마치 나뭇가지와 같은 구조로 인식되므로, 사이트의 방문

빈도수에 대한 통계 자료를 분석함으로써 가지 하나하나의 현재 상황을 잘 관찰해야 한다. 만약 어떤 사이트의 일부분에 방문객이 거의 없다면 그 가지를 잘라야 하고, 또 다른 부분이 매우 인기가 있다면 반대로 그 부분을 계속 유지하고 더욱 풍성하게 보강해야 한다.

한 사이트는 공처럼 둥글게, 혹은 뾰족하게 모양내어 다듬어야 하는 분재에 비유할 수 있다.

Havas Advertising의 계열사인 Connec-world 멀티미디어 커뮤니케이션 사무소는 고객들을 사이트의 생활 속에 참여시키는 구체적인 수단을 배치했다. 이는 사이트의 유지, 현실화, 개선, 인터넷 항해자의 질문에 대한 답변의 확대를 목적으로 한 것이다.

이러한 유지는 상이한 조직들에 의해 관리될 수 있다. 즉 기업과 제품에 대해 개선해야 할 만한 것에 대한 정보를 가지고 있는 고객과 협력하여, 사이트의 관리 경영을 확실히 하는 웹 창안자들과 웹 서비스의 조직팀이 그들이다.

▶ 6. 판매하라 : 전자 상거래에 대한 도전

웹에서 생산자는 바로 자신의 상점이 되어야 하는가, 아니면 전자 상점 갤러리를 거쳐야 하는가? 유통에서 실현되는 생산성의 이득을 고려한다면, 전통적인 유통 과정에 비하여 웹에서 제품에 대한 가격은 어떻게 정해야 할까? 모든 관계의 창출이 즉각적인 원거리 판매를 조장할 수 있는 세상에서 방문과 판매 활성, 판매 촉진을 어떻게, 또 어떤 리듬에 맞춰 만들어 낼 것인가?

웹에서의 물건 판매는 이러한 현대 유통의 새로운 발달을 다루기 위한 모든 의문들에 대답하도록 초대된다.

다음은 Louis Vuitton사 사이트(www.vuitton.com)의 몇몇 요소들에 관한 설명이다.

Louis Vuitton사의 홈페이지는 판매를 위한 사이트가 아니라, 현대 사회에서 Vuitton사의 영역을 확보하기 위해 만든 제도적인 사이트이다. 그것은 관련적인 정보 제공과 기분 전환적인 성격을 띠고 있다. 그 사이트는 3백 페이지에 달한다.

우리는 Louis Vuitton의 사이트로 들어간다. 그곳은 제품의 최고 정신과 완벽하게 일치하기 위해 가장 발달된 기술을 사용함으로써, 예술적인 수준뿐만 아니라 기술적 훌륭함에 있어서도 최고의 수준으로 만들어진 Vuitton사의 그래픽 표현 영역이다. 질적으로 최고는 기술적으로도 최고의 수준에 의해 표현되어야 한다.

Louis Vuitton사의 홈페이지는, 자사의 제도적인 정보들을 향한 기본적인 출입문(건물, 지리적 조건, 만남의 약속) 이외에, 그들의 영역을 발견하도록 우리를 이끈다.

브랜드는 이러한 주제에 대해 편집자적 기능을 완수한다.

전세계의 여행자들에게 있어서 Louis Vuitton사는 여행 준비와 관련된 일련의 개인적 인터랙티브 서비스를 제공하고 있다. (목적지에 대한 정보, 호텔 선택, 식당, 공휴일이나 환율과 같은 실용적인 정보들…….) 또한 Louis Vuitton의 홈페이지는 자신의 브랜드가 찍힌 여행 안내서를 발견하도록 해주는 문화적 콘텐츠를 제공한다. 이 여행 안내서는 필리프 누아로의 수채화같이 선별된 예술가들의 작품으로 만들어진 전자 엽서를 E-메일로 발송할 수 있는 가능성까지 부여한다.

이러한 새로운 제품들을 위해 브랜드는 '진행중인 창조'에 자문을 구하도록 만든다. 그곳에서 새로운 소재와 새로운 스타일이 소개되고, 승부는 항상 존재한다.

테크놀로지는 미니줌 기능에 의해 제품들을 소개하는 것을 가능케 하고, 그럼으로써 슬라이드 영사처럼 제품들을 시각화시킬 수 있다.

브랜드의 일상사에 관해서는, Louis Vuitton의 여러 이벤트에 초대된 방문객들에게 현장에서 디지털 카메라로 찍은 사진을 다음날 사이트에서 재생함으로써 보여 줄 수도 있을 것이다.

이러한 Louis Vuitton사 홈페이지의 몇 가지 요소들은, 한 브랜드가 인터랙티비티 분야에서 그들의 커뮤니케이션을 위해 개발할 수 있는 내용상의 풍성함과 표현상의 잠재성을 모두 보여 주고 있다. 따라서 편집적인 콘텐츠와 정밀 기술을 사용하면서, 브랜드들은 정서적이고 강한 사회문화적 지지를 구축할 그들의 표적인 고객들과의 관계를 어떻게 형성할 수 있을 것인가가 관건이 된다.

두번째 기회 : 웹상의 광고

웹에 나타난 브랜드 광고의 최초의 형태는 본래 자신의 발전을 위해 고안된 매체인 인터넷 사이트였다. 이때 브랜드는 주제가 있는 작은 채널의 보유자가 되는 것이다.

두번째 형태는 가는 줄이나 깃발 모양의 사이트 광고이다. 특히 가장 빈번한 경우에 주로 네트워크의 통과 지점(중개 사이트)이나 정보 산업 사이트들과 같이 특별히 잘 조준된 서버들이나 탐색 엔진들(Havas on Line, American on Line, Compuserve, Wanadoo)에서 그 예를 찾아볼 수 있다.

이러한 형태의 광고는 오늘날 인터넷상의 광고 총매상고의 90퍼센트를 차지하고 있다. 1997년에는 세계적으로 10억 달러에 달하는 매상고를 올렸고, 프랑스에서만도 2천만 프랑에 육박하였다.

인터넷 항해자들의 흥미의 중심지와 컨셉의 교차 지점에 브랜드의 배너 광고를 설치하기 위해 연구 기관들과의 파트너십이 확립되었다.

배너 광고는 장방형의 작은 게시물로서 종종 움직이는 그림이 있으며, 그 위를 클릭하면 그 브랜드의 사이트로 바로 들어가게 된다. 이것은 머릿속에 각인시키는 인상 기록이며, 동시에 브랜드의 평판을 좌우하며, 브랜드에 대한 제안으로의 소통을 발생시키는 브랜드 내용과 연결되는 문이기도 하다. 이러한 깃발은 쌍방향적이고, 콘텐츠를 유출하고 왕래를 유입한다.

이러한 깃발 광고의 효과는 테크놀로지의 진보와 함께 보다 첨단화된 기술을 사용할 수 있다. 예를 들어 이미지의 애니메이션화나 인터랙티비티를 사용할 수도 있고, 혹은 반대로 명확하고 직접적인 제안(예를 들어 판매 촉진 같은)을 하기 위해 인터넷 항해자들에게 질문을 던지는 가장 단순한 주의 끌기도 있을 수 있다.

테크놀로지의 진보는 그림 파일인 Gif에서 보다 발달된 첨단 기술인 HTML로 넘어가게 해주었다. HTML은 음향과 비디오·인터랙티비티를 서포트 사이트를 클릭하거나 떠날 필요 없이 통합했다.

오늘날 한계는 인터넷 항해자의 기술적인 능력에 있다기보다는 제기될 수 있는 해결 방안들에 보다 연관되어 있다.

등장하기 시작한 세번째 형태는 사이트의 공동 브랜드화와 스폰서링이다. 이러한 형태의 선구자는 인텔사와 함께 한 인텔 인사이드이다. 사이트의 스폰서링은 브랜드의 전통적 스폰서링의 정상적인 전개이다. 그것은 내용에 관한 파트너십 작업이고, 다시 말해서 특정한 내용 위에 나타나는 브랜드 네임(로고)이나,

혹은 편집자와 함께 내용을 공동 제작하는 것을 말한다. 예를 들어 그룹을 위해 하나의 사이트를 연 프록터 앤드 갬블사와 타임 워너사의 파트너십을 볼 수 있다.

나타나고 있는 광고의 네번째 형태는 텔레비전 광고와 흡사한 틈새 광고(Intersticial Ads)이다. 그것은 약 10초 동안 화면 전체에 움직이는 영상을 보여 주는 광고로서, 띠 광고나 로고를 클릭한 직후, 혹은 어떤 사이트 내에서 한 페이지에서 다른 페이지로 넘어가는 사이에 필수적으로 보고 넘어가야 하는 방식으로 표현된다.

이러한 형태는 지금까지보다 훨씬 더 흥미로운 창조적 표현 공간을 제공해 주지만, 이 형태의 광고가 인터넷 사용자들에게 성공적으로 받아들여지기 위해서는, 그것이 가진 침입적인 성격을 완화시켜 줄 시간과 관련성의 문제를 잘 조절할 수 있어야 할 것이다.

세번째 기회 : 인터랙티브 광고

인터랙티브 광고는 오늘날 실험 단계에 있다. 예를 들어 Canal Satellite[11]를 위한 Media-highway[12] 테크놀로지는 현실 상황에서 네 가지 경험을 하는 것을 가능하게 한 것과 같은 일정한 성과를 가진다. 세계 최초의 경험은 Canal Satellite에서 유로스포츠[13]와 카날 지미[14]라는 두 채널에서 방영된 자동차 회사에 관한 것이었다. 광고가 나가고 있는 동안, 띠 모양의 디지털 밴드 위의 OK라는 글자를 클릭하면 신제품을 무료로 사용해 볼 수 있는 기회를 제공하도록 만들었다. 2천5백 명의 방문객들이 클릭을 했고, 그들 모두가 회원 가입을 위한 서류를 작성했으며, 그것으로 광고주는 그들과 직접적인 접촉을 할 수 있었다. 이 인터랙티브 광고를 위해 사용된 비용은 기술적인 비용을 포함하여 50만 프랑이었다.

두번째 경험은, 또 다른 자동차 회사를 위한 것으로, TPS[15]사에서 행해진 것이다. OK라는 글자를 클릭함으로써, 비디오 클립 형식으로 소개된 모델에 대한 부가적인 정보를 얻을 수 있고, 또한 자동차의 색깔을 여러 가지로 바꾸어 보거나 여러 각도에서 볼 수 있도록 서비스를 제공하는 경로로 들어서게 만들었다.

TPS사의 또 다른 경험은 레고 모델을 위한 것으로, 광고를 통해 스칼라 제품의 신상품 모델들을 볼 수 있는 쇼핑 사이트로 접속하도록 하는 것이었다.

네번째 예는, Canal Satellite의 MCM[16]과 카날 지미라는 두 채널에서 폴리그램사를 위한 것이었는데, 알랭 바셩의 새 앨범을 위한 배너 광고에서 사람들은 이 앨범 중 네 곡에 대한 발췌 부분을 들을 수 있었고, 그것은 간단한 디지털 디코더를 사용하면 되는 일이었다. 이 광고에 든 비용은 40만 프랑이었다.

마지막 예는, 피칸 열매를 사용한 새로운 초콜릿의 샘플을 만들기 위한 코트 도르사의 스펙터클한 장치이다. 단순히 OK 사인 위를 클릭함으로써 무료 시음 샘플을 받겠다는 대답을 받아내게 되고, 각각의 신청자들은 48시간 내에 신상품을 맛보게 되는데, 이로써 회사는 1개월 사이에 1만 명의 초콜릿 애호자들의 회원 가입서를 손에 넣게 되는 것이다.

인터랙티브 광고를 실행하기 위해서는 세 가지 자질을 만족시켜야 한다. 즉 간단해야 하고, 신속해야 하며, 실제 서비스를 제공할 수 있어야 한다.

간단하기: 클릭을 하게 만드는 명확하고 확실한 공급이어야 한다.

신속하기: 프로그램과 광고 사이의 반감을 불러일으키지 말아야 한다.

실제 서비스의 제공: 프로그램을 오염시키지 않고 접속자에게 부가적인 서비스를 제공하기 위한 것이어야 한다.

네번째 기회 : 학습

인터넷은 대략 전세계적으로 8천만의 인구를 가지고 있다. 오늘날 프랑스에서 웹상의 광고는, 인터넷상의 주요 광고자들만 계산하여 50개에서 1백 개로 추정할 수 있는 광고사들(컴퓨터 산업, 텔레콤 등)에 의해 관리된다.

하지만 이 매체는 결국 무시할 수 없는 것이 될 것임을 주지하여야 하며, 따라서 거기에서 아직은 미약한 입장표를 가지고 자신만의 학습을 하는 것이 중요하다.

인터넷은 내용상의 관점에서 연습을 필요로 하는 매우 기술적인 매체이다. 다시 말해서 집합적 커뮤니케이션에서 생산적 커뮤니케이션으로, 동일한 매체 내에서 전자 상거래, 접속, 애프터서비스까지 다 해결되는 일관된 커뮤니케이션을 설치하는 것을 의미한다.

이것은 또한 특정 기업들의 내부에 인터넷 전문팀과 전통적인 광고 캠페인 전담팀 사이에서, 심사숙고를 위한 체계와 조직을 구축하게 만드는 매체이기도 하다.

기업들은 지금부터라도 인터넷 커뮤니케이션이라는 새로운 층위에서 기능하는 법을 배우는 것이 핵심적인 과제이다.

결론을 위하여... 사실 결론은 없다

우리는 그 끝을 완전히 상상할 수 없는 변혁의 한중간에 위치해 있다.

토머스 에디슨이 녹음 기술을 발명하였을 때, 그는 그 기계가 말하는 것을 받아 적기 위해 사용될 것이라고 생각하였다. 음악을 그것에 적용한 것은 더 나중의 일이다.

많은 사람들은 옛날의 시선으로 진정 새로운 것을 바라보게 된다. 사진은 처음에 그림의 새로운 한 형태로 여겨졌었고, 영화는 연극의 새로운 한 형태로 인식되었었다.

대체로 인간 정신이 변혁 때마다 진정 새로운 것을 감지하고 받아들이며, 사용하게 되기까지는 일정한 시간이 필요한 법이다.

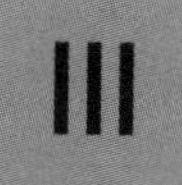

FORESEEN 클럽 초청자들의 시각

상기의 추세와 그 결과에 대한 초청자들의 자유 의견들

미셸 브로사르(Philips 이사)

장 필리프 쿠르투아(Microsoft 사장)

필리프 제르몽(Cegetel 이사, SFR 사장)

피에르 레퀴르(Canal+ 사장)

마리 클로드 페라슈(France Télécom 커뮤니케이션 국장)

앙드레 상티니(이시레물리노 시장 겸 국회의원)

아녜스 투렌(Havas Interactive 사장)

알랭 드 뿌질락(Havas Advertising 그룹 회장)

　FORESEEN 연구소의 작업들은 모든 조직들과 기업들, 그리고 그 지도자들을 위한 방향과 적응 방법을 알려 주는 도구가 되고자 한다.

　Havas Advertising 그룹이 이러한 연구들을 착수하고 발전시킨 것은 사회학을 가장 훌륭하게 이해함으로써 가장 이상적인 정치, 가장 이상적인 경영, 그리고 가장 이상적인 마케팅을 구현한다는 바로 이러한 개념을 토대로 해서이다.

　이러한 이유에서 이와 같은 분석들의 참신한 면들을 수집하고, 그것들에 대해 자유스럽게 토론하기 위해 Havas Advertising의 사장인 알랭 드 뿌질락은 정기적으로 모든 부문들과 모든 직업 분야들, 민간기업들 또는 공공 서비스 부문, 국가 행정의 지도자들과 책임자들을 규합한 것이다.

　우리는 바로 이 'FORESEEN 클럽'의 회원들에게 반응을 요구하고, 이러한 사회문화적 조류에 대한 자신들의 관점을 밝혀 주기를 요구하였다.

* 그들은 추세에 대한 이러한 가정에 동의하는가?
* 여기에서 그들은 단절을 느끼는가, 아니면 단순한 변화를 느끼는가?
* 미약한 불꽃인가, 아니면 무겁고 장기적인 조류인가?
* 그리고 그들 자신의 고유 분야와 활동 영역에 관련하여, 그들은 어떠한 결론들을 내리게 되는가?

　왜냐하면 사회 추세와 사회 역동적 조류는 확률의 시나리오들이고, 사회의 주역들이 그들의 선택과 결정에 의해 심오하게 다듬어 가는 심리사회학적인 잠재적 집단 에너지일 뿐이기 때문이다.

　자신들이 책임자로 있는 조직을 대변하는 것이 아니라, 사적인 차원에서 발언자 자신들만을 구속하는 이러한 자유스러운 발언들이 추세와 그 결과들에 대한 보다 넓은 집단적 성찰을 나누기 위해 이 토론의 자리에 함께 모아진 것이다.

1

미셸 브로사르

Philips 이사

FORESEEN : 당신은 인터랙티비티의 어떤 분야에 속해 있으며, 어떤 활동을 하고 있습니까? 또 어떤 유형의 고객들을 상대하십니까?

미셸 브로사르: 필립스는 주로 대중들을 위한 오디오와 비디오 제품을 생산합니다. 또한 텔레커뮤니케이션 기업가들을 위한 제품이나 인터랙티브형 텔레비전도 함께 취급합니다. 그리고 Canal Satellite의 멀티미디어 단말기종의 일부도 우리 필립스에서 제조합니다.

FORESEEN: 거기에서 획득하는 노하우는 어떤 것이 있습니까?

미셸 브로사르: 새로운 기술적 능력들이죠. 즉 네트워크와 컴퓨터 정보처리(예를 들어 고객 서버들에 대한 관리), 하드웨어와 소프트웨어(단말기, 접속과 분배에 대한 관리, 데이터 배열 구조, 데이터)에 관한 것들 말입니다.

우리의 노하우는 인터랙티브 서비스에 뒤이어, 유통 구조의 논리 계산과 연관된 새로운 상업적 노하우에서 새로운 판매 마케팅 개념(획득되어야 할 고객의 개인적 접근)과 인터랙티브 적용에서의 혁신(예를 들어 시뮬레이터와 같은 의사 결정에 있어서의 전문 보조 시스템)으로 이어집니다.

FORESEEN: 새로운 테크놀로지 시장의 미래는 어떠한가요? 거기에서 주역은 누가 될까요? TV 방송국이 될까요? 전자 산업 혹은 정보 산업이 될까요? 아니면 케이블 방송국 혹은 텔레콤이 될까요?

미셸 브로사르: 지금 현재 모든 경제 활동은 새로운 테크놀로지와 발맞추어 나아가고 있습니다. 모든 분야와 조작자들이 다 연관되어 있습니다. 우리는 테크놀로지를 세 가지 부문으로 구획지을 수 있습니다. 즉 정보 산업·텔레콤, 그리고 대중 산업이 그것입니다. 이 세 가지 분야는 디지털의 최고 절정에 도달해 있고, 매우 활동적으로 새로운 애플리케이션과 제공할 수 있는 새로운 서비스를 물색하고 있습니다. 그것들은 물론 인터랙티브 서비스를 말하는 것입니다.

우리는 현실적으로 어떠어떠한 분야가 다른 분야에 비해 두드러지게 리더십을 갖게 될 것이라는 것을 예견할 수는 없습니다. 각각의 분야는 그들 각자의 혁신을 거칠 것이고, 그러한 혁신의 요소들 중 하나는 상호 연결성이 될 것입니다. 시스템들은 개방적이 될 것이고, 여러 다양한 조작자들에 의해 제시된 매우 다양한 적용들을 지지하게 될 것입니다.

새로운 테크놀로지의 주요 요소들은 네트워크 조작자들과 인프라(케이블·방송국·라우터[17])를 생산해 낼 접속 공급자들, 내용과 서비스의 조작자들(TV 채널·연출자), 대중과 연결된 멀티미디어 단말기의 제작자들(예를 들어 필립스) 사이로 분산될 것입니다. 서서히 드러나고 있는 시장은 완전히 새로운 것이고, 내용의 새로운 공급에 의해서 안내될 것입니다. 힘의 상관 관계가 자연스럽게 이루어진다 할지라도 의존성은 매우 크고, 어느 한 요소의 다른 요소에 대한 절대적인 주도권을 말하기란 어려운 일입니다.

하지만 중요한 요소는 바로 소비자입니다. 왜냐하면 새로운 테크놀로지는 그들을 개별적으로 고려(일 대 일 마케팅)할 수 있도록 하기 때문입니다. 또한 인터랙티비티는 요즘 더욱더 사용하기 쉬워진 그래픽 화상 기능과 함께 즉각적으로 대화를 가능하게 하기 때문입니다. 소비자들은 그들에게 제공되는 서비스와 멀티미디어의 질에 대해 점점 더 많은 요구 사항들을 내놓고 있으며, 또한 사용 방법의 간편성까지도 원하고 있습니다. 이러한 시장의 잠재적인 미래는 서비스와 내용의 창출에 따라 활기를 띠게 될 소비자의 수요 속에 놓여 있습니다.

FORESEEN : 이러한 새로운 산업의 관건과 도전은 무엇입니까?

미셸 브로사르 : 우선은 기술적인 지배권이 관건이 될 것입니다. 네트워크와 접속 지점의 장악, 디지털 커뮤니케이션 테크놀로지의 장악, 상호 연결성의 장악, 데이터와 규정에 있어서 표준의 장악이 바로 그것입니다. 기술적인 투자(개발·인프라·단말기……)는 매우 막중한 것입니다.

전투는 곧 상업적인 분야로 넘어갑니다. 새로운 테크놀로지에 의해 창출된 시장은 엄격하게 논쟁의 대상이 되었습니다. 그것은 GSM 이동 통신이나 디지털 텔레비전 시장의 공급 격화에서 증명되고 있습니다. 시장의 대부분을 차지하는 것은 자사의 기술과 표준을 강요할 수 있게 되는 것이고, 또한 가장 신속하게 투자한 것을 되돌려받음으로써 재정적인 균형을 찾을 수 있게 되는 것이라는 느낌을 받습니다.

결국 보다 고상하게 말해서, 목표는 완전히 새롭고 상상력이 풍부한 서비스의 세계, 즉 실시간으로 쉽게 사용할 수 있는 가상 멀티미디어 공간을 만들어 내는 것입니다. 이러한 세계를 상상하고, 봉사적이고 기분 전환적이며 교육적이기까지 한 상품과 서비스를 제안하는 것은 산업 부문에 제의된 지적인 도전 과제입니다. 여기에서 필립스의 모토인 '항상 더 좋은 것을 만들자(Let's make things better)'가 그 의미를 발휘하고 있습니다.

FORESEEN: '인터랙티브 혁명'이 도래하는 것을 어떻게 보십니까?

미셸 브로사르: 인터랙티브 혁명은 대중을 위한 새로운 서비스의 개방과 그 접근에 의해 구체적으로 이루어질 것입니다. 그것은 여가 선용을 위한 것이기도 하고, 또한 직업 생활이나 학교 생활을 위한 것도 포함됩니다. 또한 인터랙티브 혁명은 기업들간의 네트워크 형성에 의해 실무 세계에서도 기능하게 될 것입니다. 그것은 세계적 수준의 새로운 네트워크형 인프라와 모든 분야의 데이터에 관한 전반적인 디지털 통일화의 출현에 기대게 될 것입니다.

FORESEEN: 당신은 새로운 테크놀로지(인터넷)가 우리의 생활 방식과 공부하고, 일하고, 생산하고, 교역하고, 통신하는 방식과 사회를 관리하는 방식에 근본적으로 변혁을 가져올 것이라고 생각합니까? 만약 그렇다면 어떻게 변화시키게 될까요?

미셸 브로사르: 변화의 정도는 아직 불확실하고, 지금 우리가 그것을 가늠하는 것은 어려운 일입니다. '변혁'이라는 말은 아

마 조금 강한 느낌이 듭니다. 하지만 정신 상태와 관습에서 진보가 있을 것은 확실합니다.

예를 들어 인터넷은 지구촌 차원의 데이터 커뮤니케이션 구조의 편리성을 보여 주는 세계적 슈퍼네트워크입니다. 세계적 차원의 차세대 네트워크는 인터넷에서 일부 강점들(전자 우편이나 킬러 애플리케이션 같은 것)을 차용할 것임을 예견할 수 있습니다.

우리의 생활 방식 또한 이미 자리잡은 인터랙티브 서비스의 새로운 공급을 참작하여 틀림없이 변화될 것입니다. 전적인 국내 서비스의 일부는 새로운 편리함의 형태를 제공할 것이고, 상상할 수 있는 개인적 표현과 기분 전환의 가능성을 가져올 것입니다.

직업적인 차원에서는 육체적인 이동의 일부는 전자식 이동에 의해 대체될 것입니다. 이러한 새로운 흐름의 전파는 따라서 일의 습관을 변경시키게 될 것입니다. 재택 근무의 부상은 아마도 하나의 예가 될 수 있습니다. 게다가 기업들은 이러한 새로운 인터랙티브 서비스를 향한 그들의 공급을 다양화해야 할 것입니다. 공급자의 위상은 그들이 가진 여러 가지 조건(원활한 소통성, 개개인의 수요에 따른 특발성, 제안된 고객 인터페이스의 질 등)과 함께 서버의 역할로 흘러가고 있습니다. 오늘날에는 전자 상업 중개에 힘입어 새로운 유통업체의 카테고리(예로 들면 Mar-copoly사)가 출현을 시도하고 있습니다. 또한 유명 브랜드의 도래가 예상됩니다. 국내 시장의 경우, 어떠한 소비자도 알려지지 않은 한국산 저가 브랜드와 함께 모험을 하고 싶지는 않을 것이기 때문입니다.

어쨌든 사회정치학적 관점에서 볼 때, 인터랙티비티는 시민권의 새로운 형태를 어렴풋이 보여 줄 수가 있습니다. 그것은 매우 참여적인 것이 될 텐데, 왜냐하면 각 개인이 각자의 개인적인 의견을 표현할 수 있게 될 것이기 때문입니다. 여론 조사나 정치적 토론에 대한 반응들은 '흥분한 상태 그대로' 기록될 수 있습니다. 새로운 여론 공간이 생겨날 것이고, 인터넷에서 포럼 방식의 가상 미팅 공간도 오늘날 생겨나게 될 것입니다. 아마도 앨 고어의 '아테네식 민주주의의 새로운 시대'가 도래하는 것이 아닐까요?

FORESEEN: 이러한 변천이 얼마나 걸릴 것이라 생각하십니까 (단기적·중기적·장기적)?

미셸 브로사르: 오늘날 프랑스에서 인터랙티브 서비스의 제공은 핵심적으로 세 가지 단말기 형태에 집중되고 있습니다. PC·TV 그리고 미니텔이 그것입니다. 즉 개인용 컴퓨터에서 인터넷으로의 접속, TV에서는 디지털 텔레비전의 새로운 서비스, 그리고 미니텔에서는 텔레텔 네트워크를 말합니다. 프랑스에는 약 70만 명의 인터넷 사용자와 1백만 명의 디지털 TV 가입자, 그리고 1천6백만 개의 미니텔이 각 가정에 설치되어 있습니다.

단기적인 관점에서 우선, 현재의 인터넷이라는 새로운 네트워크에 연결된 고객의 수와 디지털 텔레비전 가입자들의 수에 비교하여 상황을 고려하는 것이 합리적인 생각일 것입니다. 미니텔은 사용 방법에 있어서의 제한성과 느린 속도 때문에 점차 사라지게 될 것입니다. 거기에 사용되었던 네트워크는 이미 많은 조작자들이 투자해 온 RTC[18]나 케이블 같은 인프라가 차지하게 될 것입니다. 멀티미디어와 기분 전환을 위한 인터랙티비티는 대중들에게 있어서 점점 더 친숙한 것이 되어야 할 것입니다.

중기적 관점에서 볼 때, 광범위와 고수익의 새로운 인프라(ATM[19] 유형)가 출현하기 시작해야 할 것입니다. 그렇게 되면 인터랙티브 서비스가 가동될 것이고, 예를 들어 집에 앉아서 장을 보거나 재택 근무하는 것이 가능하게 될 것입니다. 기술적인 도구들은 제어되고, 지불 방법들은 전자 네트워크 내에서 안전성을 가질 것입니다.

장기적인 관점에서 볼 때, 고수익의 새로운 네트워크는 세계적인 차원으로 자리잡게 될 것이고, 합리적인 비용으로 접속이 가능하게 될 것입니다. 대중들은 거기서 찾을 수 있는 모든 종류의 디지털 데이터에 완전히 친숙해지게 될 것이고, '미래' 테크놀로지(평면 화면·음성 인식·가상 현실……)의 요구자가 될 것입니다. 각 개인이 네트워크상의 신분과 그의 선택에 의해 개별적으로 나타나는 사회는 원자론적이 될 것이며, 동시에 차원을 바꾸게 될 것입니다. 전세계 속의 가상 연결선의 존재는 '지구촌'을 이루려는 꿈을 가능하게 만듭니다.

FORESEEN: 당신은 이것이 진정한 '사회적 발전'이고, 새로운 문명이라고 생각하십니까? 만약 그렇다면 긍정적인 측면은 무엇이고, 실제적인 문제점들은 무엇입니까?

미셸 브로사르: 발전이라는 말의 개념은 나에게 토론의 여지를 갖고 있습니다. 이러한 인터랙티브 혁명이 개인 각자에게 사회적 집단 속으로 수장되지 않고 개인적인 표현을 할 수 있도록 해준다 하더라도, 다양한 개별적 여론을 모두 다 고려한다는 것은 유토피아와 같은 이야기입니다. 민주주의 의사 결정에서 필요한 다수결의 동의는 인터랙티비티로 인해 가능하게 된 현상들의 변하기 쉬운 성격과, 즉석에서 유효하고 충동적인 반응을 드러낼 수 있는 점을 고려한다면 점점 더 어려운 일이 될 것입니다. 이러한 영향은 네트워크 내에서 가상 신분을 이용한 익명

형태를 유지할 수 있는 수단이 존재하는 이상 더욱 불안정한 상태로 나아가게 될 것입니다.

문명이라는 용어는 인터랙티비티에 있어서 시나리오처럼 매우 유익한 말로 여겨지고 있습니다. 인터랙티비티는 사회의 진보를 가능케 하고, 따라서 이러한 인터랙티비티가 이용되는 '새로운 사회'에 대해 말하는 것이 더 정확하다고 생각됩니다. 인터랙티비티는 오늘날 우리가 자동차 문명에 대해 말하는 것과 마찬가지로, 이 '정보 산업적인' 문명에 도달하기 위하여 아마도 대부분의 시간을 투자하게 될 것입니다.

긍정적인 측면은, 네트워크의 차원(어떤 접속 사이트로 시작하여도 세계의 어느 지점으로도 도달할 수 있는 점)과 그곳에서 유통되는 데이터의 디지털적 성격의 성공 수단(일반성·단순성·지속성)에 연관되어 있습니다. 적용은 간단한 사용법이 되고, 자원은 그 최적 규모가 산출되고, 고객과 서버간의 직접 대화가 아무런 중개 없이 이루어집니다. 이러한 시각은 그리 간단한 것만은 아닙니다. 어느 날 웹상에서 위험을 느껴 본 모든 사용자는 정보의 바다, 필요한 정보를 추출해 낼 수 있는 최소한의 노하우를 요구하는 지옥 같은 정글 속에서 허우적거리는 자신을 발견했을 것입니다. 적의에 찬 공격 시스템을 보호하기 위해, 복잡하고 육중한 안전 시스템이 필요한 것입니다. 결국 현재 네트워크상의 국제적 법률의 부재는 표준화를 방해하는 요소가 되고 있습니다.

사회적 관점에서 볼 때, 국내 서비스는 명확한 편리를 제공해 줍니다. 하지만 몇몇의 사회학자들은, 예를 들어 재택 근무의 일반화가 심리분석가들의 사무실을 북적거리게 만드는 영향을 초래할 것이라고 생각하고 있습니다.

FORESEEN: 당신은 인터랙티비티를 가속화하고, 장려해야 한다고 보십니까? 만약 그렇다면 어떻게 해야 할까요? 국가의 역할은 어떤 것이 될 수 있을까요? 그리고 기업의 역할은? 그리고 망설임과 두려움은 어떻게 극복해야 할까요?

미셸 브로사르: 필립스와 같은- 기업이나 일반적인 기업가의 입장에서 볼 때, 오늘날 넓은 의미에서 '새로운 테크놀로지'로부터 기대되는 폭발적인 발전을 미리 앞당기지 않는 것은 무의식적인 것이 될 것입니다. 게다가 가장 큰 정치적 현안은 고용 창출의 역동성에 대한 그것의 영향력을 가늠하는 것입니다. 두려움은 일부 직종의 사양화, 특히 부가 가치가 낮다고 말해지는 직종들의 사라짐과 연관되어 있습니다. 나는 오히려 몇몇 직종의 변화와 새로운 기술적 차원에서의 필요한 적응에 대해서 말할 필요가 있다고 생각합니다.

인터랙티비티를 장려하는 것은, 그것에 의해 파생되는 단순한 편리와 오락을 떠나서 나아가야 합니다. 인터랙티비티가 장려되는 심오한 이유는 새로운 수익성의 창조와 진정한 경제적 역동성에 있으며, 그것은 기업을 위한 것이기도 하지만 또한 특정 사용자를 위한 것이기도 합니다. 인터랙티비티가 인간을 끌어들이는 힘은 보다 많은 수익성을 위해 인간 고용을 파괴하는 '정보 산업화'의 위협에 대한 공포심을 극복해야만 할 것입니다.

따라서 새로운 서비스로 가득 찬 채널의 설치를 장려하는 것은 바람직한 일입니다. 즉 그것은 조작자들에 의해 유포되는 내용들을 감수하면서 네트워크(고수익을 위해 마련된 인프라에의 투자)에서부터 마지막 사용자에게까지(가능한 한 '사용자에게 친근한' 인터페이스와 함께) 이르는 서비스를 말합니다.

국가와 기업은 이 분야에 있어서 그들의 행동을 서로 보완해야 합니다. 국가는 커뮤니케이션 활동이나 유연한 법적 조치(새로운 테크놀로지 분야에서의 고용 창출시 장려금 지급, 교육 보조) 등으로 인터랙티비티를 향한 개방을 용이하게 해주어야 합니다.

어쨌든 열쇠는 제공될 서비스의 질과 안전성이 쥐고 있다고 볼 수 있습니다. Canal+ 채널의 성공은 유료 TV 채널에 대한 부정적인 선험적 생각을 떨쳐 버리고, 문화적 세상 속에서 서비스의 질로 생겨나고 유지되는 시장을 보여 주는 한 예입니다. 인터넷은 웹의 예쁜 진열창 덕분에 대중들의 정신 속에 자리잡게 되었습니다. 따라서 이제는 발전을 위한 아이디어를 강화해야 할 때입니다.

FORESEEN : 인터랙티비티의 기술적 역동성이 근접성에 관한 인간의 인터랙티비티 수요를 일깨우리라 생각하십니까? 미래의 인터랙티비티는 '완전히 전자 시스템에 의한' 것이 될까요, 아니며 정서적이고 감정적이며 물리적이기도 한 것이 될까요?

미셸 브로사르: 근접성의 서비스라 말해지는 것은 물론 새로운 인터랙티브 서비스에 포함되어 있습니다. 계속되는 예로서 France 3에 의해 제공되는 지역판의 성공을 들 수 있습니다. 이것은 인터랙티비티와 함께 재개되어야 하고, 또 발전시켜야 할 서비스 유형입니다. 세계의 거대한 네트워크들은 자연스럽게 보다 지역적인 망조직으로 세분화되고, 그것은 인터넷이 기업 내에서 폐쇄적인 인트라넷 구역으로 세분화되는 것과 흡사한 일입니다. 근접성의 개념은 네트워크상에서 신중하게 고려해야 할 문제입니다. 왜냐하면 지리적인 기준에만 기초한 근접성은 가장 적절한 것이 아니기 때문입니다.

오늘날 인간 관계의 양상은 아마도 인터랙티비티와 함께 성공적인 것이 되지는 못할 것입니다. 토론 포럼에서 실시간으로 영상과 소리를 결합시키는 가능성이 실현될 때까지 기다려야 할 것입니다. 인터랙티비티에 의한 감정 조사는 완전 전자식 규격의 멀티미디어 발견을 통한 개인적이고 체험적인 것이 될 것입니다.

FORESEEN: 텔레비전에 있어서 인터랙티비티의 관건은 무엇입니까? 또한 인터랙티브 텔레비전을 어떻게 보십니까? 프로그램과 프로그램의 방영, 사용자에 관해서는 어떤 관점을 갖고 있습니까?

미셸 브로사르: 디지털 TV의 시작은 시청자들에게 새로운 인터랙티브 서비스를 제공하게 되었습니다. 즉 전자식 프로그램 안내, 컴퓨터 정보 데이터의 유포, 프로그램 방영, 미래의 전자 상업 등……

텔레비전 수상기는 아직도 유포된 데이터의 게시를 위한 종착역 시스템으로 여겨지고 있습니다. 거기에서 인터랙티비티는 유포된 전체적인 선택 중에서 선별하는 데에 열중하고, 회귀 경로를 통해 이 선택의 유효성은 드러나게 됩니다. '누르기'의 테크놀로지는 따라서 오늘날 텔레비전에서 매우 넓게 퍼져 있습니다. 인터랙티비티는 결국 강력하게 안내되어지고, 각각의 프로그램이나 서비스의 조작자들은 경우에 따라서 데모 버전과 함께 선별 과정을 실행해야 하는 부담을 가지고 있습니다. 이러한 경향은 텔레비전이 보다 넓은 의미에서 디지털 데이터들의 게시와 수용을 향해 문을 열도록 하고 있습니다. NetBox는 현재 RTC를 경유하여 인터넷과 연결되고 있으며, TV 화면 위에 웹 문서들을 올리고 있습니다.

인터랙티브 텔레비전은 서비스를 제공하는 것이기 때문에 유료 텔레비전 사업의 관건이라 할 수 있습니다. 기업의 측면에서 보면, 그것은 새로운 서비스의 처치와 수용에 적용될 수 있는 멀티미디어 터미널을 발전시키고 판매하는 것과 관계됩니다. 조작자의 입장에서 보면, 그것은 실제적인 기대(청중들의 투표나 여론 조사, 견해에 따른 지불, 홈뱅킹, 오락, 데이터 교환, 온라인 서비스)와 일치하는 서비스를 향해 문을 열고 제공하는 것과 관련됩니다.

사용자들에게로 향한 침투는 유료 텔레비전 시장의 초기에는 매우 제한될 것입니다. 하지만 이미 최소한의 무료 서비스(텔레텍스트 같은 종류)를 정의하기 위한 숙고가 경우에 따라서 행해지고 있는데, 그런 것은 미래의 지구상의 디지털 텔레비전에 방영될 수 있는 서비스입니다. 종국의 목표 지점이 가능한 한 가장 넓어진다 하더라도, 인터랙티브 상품의 사용을 조장하고 시청자들을 수동적에서 '쌍방향 시청자'로 변화시키기 위해 '교육' 단계를 거쳐야 할 것입니다.

FORESEEN: 단지 새로운 테크놀로지와 새로운 창조적 표현 방법의 출현일 뿐인가요, 아니면 '쌍방향 시청자'들과의 새로운 관계 형성인가요?

미셸 브로사르: 텔레비전에서 창조적인 목적의 인터랙티비티는 매우 제한되어 있습니다. 시청자들에게 그들이 좋아하는 시트콤의 다음 줄거리를 선택하게 할 수 있는 가능성을 제시하는 것은 논란의 여지를 안고 있습니다.

TV 시청자들을 위한 공급이 대량화되면, 시청자들은 어쨌든 방영되는 정보들의 내용을 그것이 얼마나 광범위하든지간에 감수해야만 합니다. 이러한 행동 유형은 텔레비전 프로그램을 장기적으로 계획하는 것이 아니라, 오히려 순간의 공급에 대한 자문과 가장 매력적인 것을 향해 나아가는 것과 관련이 있습니다.

FORESEEN: 당신은 미래를 인터랙티비티의 스펙터클(직접적인 참여에 의한 연출과 극화)이나, 혹은 보다 많은 정보와 쾌락을 찾는 개인을 위한 멀티커넥션의 잠재성으로 보십니까?

미셸 브로사르: 오늘날 디지털 TV의 좌우명은 '언제나 더 많은 프로그램'이 될 수 있을 것입니다. 초기에 공급은 사실상 멀티커넥션의 잠재성 위로 집중되었고, 그 일부 서비스는 인터랙티브 방식으로 제공되었습니다.

시간이 흐를수록 점차 사람들은 보다 참여적이고, 보다 스펙터클한 인터랙티브 서비스에 대해 고려할 수 있게 되었습니다. 인터넷에서의 몇몇 고립된 경험은 아마도 이미 이러한 분류(시창작, 예술 관련 사이트들……)에 속해 있었을 것입니다. 텔레비전에 있어서는 아마도 접속 터미널의 문화적 성격상 문제가 있었을 것입니다. PC를 능동적이라고 말한다면(웹상에서 마음대로 여행하므로), TV는 매우 수동적인 것입니다. 또한 그것은 TV 터미널의 회귀 경로에 있어서의 한계와도 연관이 있습니다. 따라서 참여적인 스펙터클과 텔레비전의 결합은 선험적으로 분명한 것이 아닌데, 그것은 용이성의 차원에서 뿐만 아니라 문화적 요구의 측면에서도 마찬가지입니다.

FORESEEN: 당신의 회사는 인터랙티브 혁명의 어느 지점까지 도달하였습니까? 변화가 있다면 어떤 것입니까? 그러한 변화가 기업에 가져오는 이득은 무엇입니까?

미셸 브로사르: 회사 차원에서 보면, 인터넷은 연구와 개발 부문에 있어서 요긴하게 사용되고 있습니다. 전반적인 인트라넷이 구축되었는데, 그것은 실시간으로 문서를 처리할 수 있게 해주고, 또한 정보적인 거리를 단축시키는 데 기여합니다. 하지만 제안된 자료들의 거대한 보고 속에서 정보를 빼내는 것은 여전히 필요한 일입니다. 핵심을 향해 가기 위해서는 얼마간의 연습이 필요합니다.

FORESEEN: 변화로부터 얻은 교훈이 있다면 어떤 것일까요? 아직 인터랙티비티를 구축하지 못한 다른 기업인들에게 당신은 어떤 조언을 해주고 싶습니까?

미셸 브로사르: 기업 내의 지엽적 네트워크를 구축하려면 인터랙티비티의 필요성에 대한 안내서에 관하여 올바른 판단이 내려져야 할 것입니다. 네트워크와 서버의 규모를 정하는 것이 가장 핵심적인 사안입니다. 또한 보조적이고 효율적인 작업 장치처럼 인터랙티비티를 생각하는 것이 필요합니다.

FORESEEN: 새로운 테크놀로지와 관련된 직종의 미래는 어떻다고 생각하십니까? 어떤 특징이 있을까요? 이러한 새로운 직업에 종사하고자 하는 젊은이들에게 어떤 조언을 하고 싶으신가요?

미셸 브로사르: 오늘날 새로운 테크놀로지는 분명 새로운 능력을 요구하면서, 새로운 직종(예를 들어 웹마스터, 네트워크 설립자, 전자 상거래 전문가……)과 함께 고용 창출을 가져오고 있습니다. 단기적으로 볼 때, 아마도 새로운 테크놀로지의 진정한 수요가 터져 나올 것입니다.

경쟁적인 세계 속에서 모든 다른 직종에 공통적으로 필요한 자질은 개방적인 정신과 융통성·적응 능력 등입니다.

FORESEEN: 끝으로, 당신의 생각에 인터랙티비티에 대한 새로운 기술적 수단의 발달에 힘입어 생겨날 주요 변화에는 어떤 것들이 있을까요?

미셸 브로사르: 인프라 부문에서 네트워크는 그들의 기반을 다양화해 갈 것이고, 수익도 높이게 될 것입니다. (ATM은 이러한 미래의 네트워크에 대한 주요 형태로 잘 출발한 것 같습니다.) 네트워크는 사용자를 위해 투명한 방식으로 서로 연결될 것입니다. (마치 오늘날 미니텔이나 전화를 통하여 인터넷에 접속할 수 있는 가능성처럼.) 그것은 완벽하게 멀티미디어적인 서비스 다발의 종점으로 안내할 것입니다.

조작자들은 그들의 서비스 제공에 있어서 다양성을 더할 것이고, 그러한 공급은 가격면에서나 혹은 질적인 면에서나간에 더욱 유혹적인 것이 될 것입니다. 이 분야에 있어서 혁신과 창조성은 새로운 서비스가 그들의 시장을 만들어 낼 것이라는 측면에서 원동력이 될 것입니다.

마지막으로, 필립스와 같은 기업들은 인터랙티비티의 접속 터미널 속에서 노하우와 경쟁력을 획득하게 될 것이고, 가정에 인터랙티비티의 침투성을 개선하면서 보다 합리적인 가격을 제안하게 될 것입니다.

2

장 필리프 쿠르투아

Microsoft 사장

FORESEEN : 마이크로소프트를 소개하지는 않겠습니다. 하지만 귀사의 다른 활동들에 대해서 우리에게 일깨워 주실 수 있겠습니까?

장 필리프 쿠르투아 : 마이크로소프트는 소프트웨어의 한 부분이고, 아직도 소프트웨어이며, 소프트웨어일 뿐입니다. 그것은 우선 자신의 PC를 부팅시키기 위한 모든 형태의 윈도우즈 개발 시스템입니다. 다음으로는 마이크로소프트 사무 자동화 시스템의 적용이고, 대중적으로는 CD-ROM과 웹 사이트의 적용, 그리고 컴퓨터 정보처리 분야의 전문가(애플리케이션 직종을 창출하기 위한 프로그래머, 개발자)들을 위한 개발 도구들이 있습니다. 마지막으로 다섯번째 분야인 기업을 위한 시스템이 있는데, 그것은 기업 내의 중심 플랫폼식 네트워크(Windows NT, 전자 우편, 관련 데이터 베이스, 기업의 중앙 정보처리기와의 연결 서비스, 시스템 관리 등)를 구성하는 것입니다.

FORESEEN : 따라서 오늘날 마이크로소프트사는 미래의 멀티미디어가 될 콘텐츠와 관련된 모든 활동들에 투자하고 있는 것이군요?

장 필리프 쿠르투아 : 마이크로소프트의 총매출액 중 90퍼센트는 기업들과의 비즈니스에서 나옵니다. 나머지 10퍼센트만이 대중들과의 상대로 나오는 것이죠. 실제적으로 5-6년 전부터 본사는 CD-ROM과 웹에 관련된 콘텐츠와 새로운 인터페이스 사업에 매우 강력하게 투자하고 있습니다.

FORESEEN: 대중 멀티미디어에 있어서 마이크로소프트사의 야심은 어떤 것입니까?

장 필리프 쿠르투아: 잘 선택된 일정 분야에서 선구자적인 제품을 만들어 내는 것입니다. 콘텐츠의 분야는 거대하고 제한이 없습니다. 우리는 참고용이라 불리는 분야들을 선택했습니다. 즉 엔카르타 인터랙티브 백과사전,[20] 일상 생활에서 유용한 한 가족의 사적인 생산성을 위한 물품들, 예를 들어 가계의 경영(돈 문제), 인터랙티비티가 매우 많이 활용되는 아동을 위한 제품들, 예를 들어 '내 영화 작업실,' 우리가 가상 공동체라고 부르는 제품들이나 혹은 본사의 온라인 서비스인 MSN과 같은 특정 분야에서의 중요한 역할을 수행하는 사이트들, 그리고 여행 분야와 같은 매우 전문화된 사이트들이 있습니다.

FORESEEN: 다시 말해서 콘텐츠를 쥐고 있는 주동자의 위치를 차지하는 것을 말하는 것인가요? 비록 그것이 마이크로소프트의 독창적인 노하우가 아니더라도 말이죠?

장 필리프 쿠르투아: 네, 그렇습니다. 콘텐츠 내에서나 혹은 생활을 보다 편리하게 해줄 실용적인 서비스 내에서 주역이 되는 것을 말합니다. 그 속에서 테크놀로지는 부가 가치를 가져올 것이고, 마이크로소프트사의 전문적인 노하우는 더 잘 드러날

것입니다. 예를 들어 여행 분야에 있어서, 오늘날 우리는 소비자에게 우선적으로 선택의 기회를 주는 융통성과 경로 선택의 자유를 부여하고 있으며, 재정적 투자에 있어서 우리는 MSN In-vestor와 함께 증권 증서를 관리하기 위한 의사 결정 도구를 제공하고 있습니다.

FORESEEN: 이러한 예고된 인터랙티브 혁명 속에서 이 분야에 야심을 가진 대기업들의 중요 쟁점과 목표는 어떤 것일까요?

장 필리프 쿠르투아: 모두에게 있어서 첫번째 관건은 마이크로소프트사가 가장 많은 돈을 투자하고 있는 사용자의 인터페이스, 즉 인간과 기계의 인터페이스 문제입니다. 우리는 10여 년 전부터 '유용성 연구소'인 인간 공학 연구소에 투자해 왔습니다. 그것은 초보자이거나 혹은 경험이 있는 자이거나간에, 사용자가 자신의 컴퓨터를 향해 갖는 행동 방식을 개인적인 혹은 직업적인 차원에서 관찰하기 위한 것이고, 또한 어떻게 하면 우리가 보다 '인간적인' 인터페이스, 다시 말해 보다 접근하기 쉽고, 보다 지능적인 인터페이스를 실현해 낼 수 있는지를 이해하기 위한 것입니다.

그 일은 개발 시스템의 창조자인 우리 직종의 한부분을 차지하고 있습니다. 가정에 정보를 전해 주는 주역이 TV 채널이든, 텔레콤 회사든, 혹은 PC나 텔레비전 수상기의 제조업체든지간에 기계를 인간과의 관계하에 동참시키기 위해서는 소프트웨어 차원의 노하우를 필수적으로 가지고 있어야만 합니다. 이러한 관계는 소비자가 인지하는 부가 가치와 연관성의 질에 있어서 결정적인 요소입니다. 바로 이 분야에서 우리는 중요한 역할을 수행하게 되기를 바라고, 또한 이 분야야말로 틀림없이 상이한 세계로부터 나온 사회들간의 근접성과 적지 않은 연맹을 활성화시킬 것입니다.

　　FORESEEN: 다른 목표는 어떤 것이 있습니까?

　　장 필리프 쿠르투아: 각각 상이한 영역들의 밀폐된 공간에서 테크놀로지가 어떻게 결합될 것인가를 이해하는 것입니다. 처음에 PC는 정보처리를 위한 개인적인 도구였습니다. 90년대에 그것은 그래픽 인터페이스에 힘입어 보다 사용하기 쉽게 되었고, 또한 그것은 정보를 얻고, 공유하고, 보다 생산적이 되었으며, 공동 행동을 가능하게 하기 위하여 기업들간의 네트워크에 연결되었습니다. 다음으로 우리는 서로 소통하는 PC의 시대로 들어섰는데, PC는 인터넷 접속에 힘입어 세상의 어느곳에 있는 정보에도 접속할 수 있는 도구가 되었습니다. 웹 테크놀로지와 인터넷을 결합시킨 것이 바로 이 PC입니다. 웹 접속은 오늘날 PC 개발 시스템의 통합적인 한 부분입니다. 왜냐하면 PC가 본질적으로 소통 가능한 것이 되었기 때문입니다.

　　FORESEEN: 테크놀로지의 다음 단계는 소비자의 직접적인 행동의 의해 자극된 개인적이고 즉각적인 회답을 가능케 하는 인터랙티비티 엔진입니다. 이러한 새로운 단계에 있어서 관건은 무엇입니까?

　　장 필리프 쿠르투아: 다음 관건은 PC나 인터랙티브 TV, 전화나 카오디오 등과 연결되는 시스템의 문제이며, 그것은 우리가 이미 가동된 정보처리 산업이라 부를 수 있는 정보와 쌍방향 접근을 가장 직감적인 방식으로 통합할 수 있는 시스템입니다. 이

것은 버튼을 누르는 간단한 조작으로, 인간으로 하여금 즉각적인 행동과 접근을 가능하게 하는 막강한 자유와 강력한 능력을 지닌 시스템을 가진다는 것을 의미합니다.

FORESEEN : Canal Satellite의 출현과 같은 원거리 인터랙티비티의 경쟁성은 어떻게 보십니까?

장 필리프 쿠르투아 : 우리는 그것을 경쟁이라고 생각지 않습니다. 대신 기회로 보죠. 그것은 문이 열리고 있는 새로운 분야입니다. PC는 가정에서 중대한 성공을 거두었습니다── 미국 가정의 40퍼센트, 프랑스는 15퍼센트 점유── 하지만 그것은 아직도 부족한 상태입니다.

어떤 한 부류는 PC에 돈을 쓰는 것을 바라지도 않고, 영원히 원하지도 않을 것입니다. TV가 정보 획득을 위한 또 다른 창이 될 수 있습니다. 마이크로소프트는 그것에 관해 두 가지 다른 방식으로 일하고 있습니다. 첫번째는 PC가 모든 형태하의 텔레비전 방송화된 디지털 콘텐츠에 항상 접속할 수 있게 해주는 윈도우즈의 발달이 문제인데, 그것은 윈도우즈 98과 함께 가능하게 되었습니다. 다음으로는 위성이나 헤르츠 경로를 통해 텔레비전을 캐치할 수 있는 구조물을 가지는 것이며, 특히 그것을 PC나 인터넷과 함께 소유할 수 있는 지역 정보와 결합시키는 것이 중요합니다. 두번째 형태는 텔레비전을 향해 가는 것인데, 그것은 마이크로소프트가 웹 TV에 관해 투자하는 것을 의미합니다. 즉 디코더에서 출발하여, TV 프로그램의 내용이나 각 시청자들의 기호와 연관된 콘텐츠·정보·광고 및 실용적인 서비스의 형태를 띤 인터랙티비티의 부가적 가치를 가져올 수 있도록 노력하는 것입니다.

FORESEEN: 그렇다면 게임의 주인, 즉 텔레비전 내용의 제작자이자 간단한 텔레디지털 채널에 가입하는 것만으로도 각 가정으로 진입하는 것을 가능케 하는 열쇠를 쥐고 있는 자는 누가 될까요?

장 필리프 쿠르투아: 마이크로소프트는 이러한 기업들의 파트너가 되기를 바라고, 또한 PC 세계에 이미 존재하는 콘텐츠의 애플리케이션이 제공하는 풍요로운 세상을 텔레비전 분야에서 전개하기를 바랍니다.

FORESEEN: 이 새로운 테크놀로지의 중요한 주역들은 어떤 사람들일까요?

장 필리프 쿠르투아: 텔레디지털 시스템의 조작자들이 주역이 될 것입니다. 그들은 이미 기본적으로 가입자들을 보유하고 있고, 또한 소비자들과의 관계를 형성하고 있습니다. 이러한 결합이 이루어지기 위한 두번째 유형의 주역들은 바로 텔레콤 조작자들일 것입니다. 왜냐하면 전화선에 의한 교류와 회신이 필요하기 때문입니다. 세번째 유형의 주역들은 인터페이스 차원의 모든 것을 가능케 할 수 있는 자들로, 바로 소프트웨어의 창안자들입니다. 이 분야에서 마이크로소프트사가 중요한 역할을 수행하고자 하는 것입니다.

감히 말하자면, 동일한 파장 내에서 기술력을 측정하고, 특히 소비자들의 기대를 잘 이해하기 위해서는 여러 유형의 주역들이 필요할 것입니다. 어느 누구도 소비자들에게 아무런 의미 없는 것을 강요하지는 않을 것입니다. 이러한 새로운 가능성들은 텔레비전이 제공하는 경험으로는 아직 접해 본 적이 없는 부가적인 어떤 것을 가져다 주어야 합니다.

FORESEEN: 다가올 인터랙티브 사회를 어떻게 보십니까? 가장 많은 영향을 받는 인간 생활의 분야는 어떤 것일까요?

장 필리프 쿠르투아: 첫번째, 직업적 생활에 있어서 화이트 칼라 집단에서 네트워크 구축의 일반화를 들 수 있겠습니다. 변화에 저항을 느끼는 프랑스와 같은 나라에 있어서, 가장 큰 어려움은 바로 인간적인 것임을 알 수 있습니다. 즉 아직도 매우 전통적인 피라미드 형태의 조직 속에서, 모든 사람에게 정보에로의 접근이 개방되는 테크놀로지를 받아들이는 어려움이 있고, 또한 정보가 매우 빠르고 개방적으로 도처에 흘러다니고, 그러면서 각자가 자신의 의견을 말할 수 있고, 자신의 지위에서 요구되는 결정을 내릴 수 있는 체계를 받아들이는 어려움이 있습니다. 프랑스가 오늘날 새로운 테크놀로지의 분야에서 하고 있는 가장 큰 도전은, 정보 소지에 있어서 지도자들과 간부들간의 관계의 진전입니다.

프랑스에서 정보를 보유한다는 것은 힘을 지닌다는 것이고, 그것을 모두에게 공개한다는 것은 근본적으로 사람들이 각자의 직분에 대해서 갖고 있는 생각을 뒤흔드는 것입니다. 매우 미묘한 방식으로 희석된 정보에 대한 최고 권력의 형태를 구축했을 때, 우리는 그 테크놀로지를 실행시키는 데 주저하고 있습니다. 프랑스에서는 사람과 조직이 그것에 저항하고 있는 것이죠.

FORESEEN: 네트워크가 구축된 기업에서 권력은 어디에 있는 것입니까?

장 필리프 쿠르투아: 권력은 행동이 일어나는 장소, 즉 사람들이 고객과 대면하는 그곳에 있습니다. 새로운 조직을 향하여

이끄는 것은, 고객과 경쟁자들이 갖는 새로운 쟁점에 대면하여 빠른 속도로 매우 유연하고 융통성 있게 기업 형태를 전개시키고, 자신의 협력자들에게 의사 결정의 강력한 능력을 부여할 수 있는 자가 될 것입니다.

FORESEEN: 이런 유형의 조직 내에서 우두머리의 역할은 어떤 것일까요?

장 필리프 쿠르투아: 그것은 진정 어떠한 비전을 구체화할 수 있고, 자신의 협력자들에게 영감을 줄 수 있는 리더가 되는 것입니다. 자사의 소규모 조직들에 활기를 불어넣고, 동기를 부여하는 코치가 되는 것이고, 또한 정보를 나눌 수 있는 완벽한 투명성을 가진 사람이어야 함이 분명합니다. 그가 가진 모든 정보는 즉각적으로 그의 협력자들과 고객들에게 알려질 때에야 비로소 가치를 가진다는 것을 이해하는 자이어야 할 것입니다.

FORESEEN: 그렇다면 지나치게 과다한 정보는 어떻게 관리해야 할까요?

장 필리프 쿠르투아: 우리의 철학은 아무 정보도 없는 것보다는 차라리 너무 많은 정보를 가지는 것이 낫다고 말하는 것입니다. 적용의 시간을 거치면서 경험이 보여 준 바, 기업은 이 새로운 커뮤니케이션 방식을 관리하는 법을 스스로 배우게 된다는 것입니다. 기업은 헌장과 규칙과 가치를 가늠할 수 있게 되는 것이죠.
마이크로소프트와 같은 기업들에게 있어서 진정한 관건이 되는 것은 시스템을 점점 더 지능적으로 만들어 가야 하는 것이

될 것입니다.

FORESEEN: 개인 각자가 획득하기 바라는 정보를 개개인이 미리 선별하고, 또 선택할 수 있게 해주는 새로운 시스템이 정말로 도래할까요?

장 필리프 쿠르투아: 그렇습니다. 우리는 미래에 테크놀로지 분야에서 확립해야 할 세 가지 도전을 예상하고 있습니다.

장기적으로 볼 때, 시각적인 면에서의 도전을 확립하는 것입니다. 즉 사용자의 몸짓과 손짓을 이해하고 볼 줄 아는——그는 행복하다, 그는 스트레스가 쌓였다, 그는 화가 나 있다 등—— 시스템을 만들어 내는 것을 의미합니다. 다시 말해서 사용자의 이동이나, 인간의 육체적인 모습이나 동작의 형태까지 읽을 줄 아는 시스템을 개발하는 것이죠. 우리는 이 분야에 대해 많은 연구를 하고 있습니다.

중단기적으로는 음성 인식의 도전을 확립해야 할 것입니다. 특히 그것을 2천 프랑이나 3천 프랑, 혹은 그와 비슷한 저렴한 가격으로 간단하게 해결할 수 있게 만드는 것이 주요 사안인데, 왜냐하면 그것은 대형 컴퓨터들에서는 이미 실행되고 있기 때문입니다.

세번째 도전은 지능의 문제입니다. 즉 당신을 위해 정보를 골라 주는 소프트웨어, 장소와 필요성을 불문하고 도처에서, 웹상에서 당신의 네트워크 속을 순환하는 에이전트, 당신이 어떤 T라는 순간에 필요한 관여적인 정보를 당신을 위해 선별해 줄 줄 알고, 어떤 일을 수행하도록 도와 주고, 가능한 한 여행을 떠나기에 가장 적합한 경로를 예약해 줌으로써 당신이 휴식을 취하도록 해주는 그런 지능에 관한 것입니다.

이미 오늘날 여러분은 메를랭 마법사나 혹은 작은 트롬본 모양으로 나와 있는 사무용 도구들 내에서 '비서들'을 갖고 있습니다. 그것들은 당신에게 질문을 하고, "당신은 그것을 했습니다. 그런데 그것이 정말 당신이 하고 싶었던 일인가요? 그런 방식으로 계산을 하기 원합니까? 어떻게 해야 하는 것인지 제가 보여 드리겠습니다" 등의 말을 건넬 것입니다. 그것은 사용자가 한 일에 대해, 그의 지식 수준에 대해 분석하고, 그것을 자신의 수준으로 만들 줄 아는 도구입니다.

FORESEEN: 교육에 있어서 컴퓨터의 자리는 어떤 것일까요? 어느 누구도 교육적인 계획에서 자신의 역할을 포착할 수 없을 것입니다. 이 주제에 관해 어떤 생각이 있으신가요?

장 필리프 쿠르투아: 그것은 아주 근본적인 역할입니다. 우리는 교육 분야에서 일하고 있고, 그것은 미래를 위한 열쇠입니다. 특히 프랑스에서 드러난 정체 현상을 고려하여, 우리는 초등학교에서부터 해야 할 도전 과제가 있다고 생각했습니다. 우리는 다음과 같은 방식으로 진행되는 '멀티미디어 씨앗'으로 이름 붙여진 경험을 위한 2년짜리 프로그램을 개발하였습니다. 우리는 PC와 CD-ROM 장비를 갖춘 멀티미디어 시스템을 11개 학교에 구비해 주었습니다. 우리는 그 장비와 네트워크를 매우 상이한 학급과 장소에 설치하였습니다. 예를 들어 ZEP 지역,[21] 특별 학급, 리옹의 장애인 학교, 오트잘프 지방의 느바슈에 있는 학교에 설치하였습니다. 또한 우리는 교사들에게 PC 사용과 웹상에 문서 올리는 법, 전자 우편 등 사이트에 관해 이틀에 걸쳐 교육하였습니다. 우리는 그들에게 웹상에 한 사이트를 만들어 주었고, 그들은 그것을 관리하고 그들 자신을 풍요롭게 하는 데 이용할

것입니다.

이러한 경험에서 우리는 교육받은 교사들에 의해 실제적인 사용이 어떻게 교육적인 실천을 변화시키는지를 알 수 있기 바랐습니다. 또한 우리는 그 교사들이 그들의 수업 시간에 확인한 변화들에 대한 첫 결론들을 모아 얼마 전에 책으로 출판하였습니다.

첫번째 결론은, PC가 교실에 있으면 흥미는 매우 실제적인 것이 됩니다. PC는 지리·수학·국어 등의 수업에 완전히 통합되어 보편화된 도구가 되었습니다.

FORESEEN: 컴퓨터 한 대당 몇 명의 학생들이 배정되었나요?

장 필리프 쿠르투아: 일반적으로 3명당 한 대꼴입니다. 하지만 교사가 조정할 수 있죠.

두번째 결론은, 그 도구들이 그룹 스터디나 교체형 교육을 가능하게 했다는 것입니다. 즉 한 그룹의 학생들은 교사와 한쪽에서 공부하고, 다른 그룹의 학생들은 서로 협력하여 연습 문제를 풀거나, 혹은 다른 사이트나 CD-ROM에서 정보를 탐색할 수 있는 것이죠. 그들은 그 정보를 지휘하고 소개하고, 그들의 사이트에 올리거나 네트워크상에서 학급의 다른 급우들과 그것을 교환할 수도 있습니다.

세번째 결론은, 교육이 이제 더 이상 교사에만 집중되어 있는 것이 아니라 학생과 교사 사이에서 균형을 이루기 시작했다는 것입니다. 총알은 한 작업을 마무리한 그룹에서 출발하여 정보를 찾는 그룹으로, 교사나 다른 그룹의 친구들과의 학습에서 얻은 것을 보고하러 온 그룹에게로 옮겨갑니다. 이렇게 됨으로써 교류가 창출되는 것입니다.

네번째 결론은, 나이 어린 아이들에 대한 고학년 학생들의 후견이 더욱 고무되고, 또한 그들 중 가장 초보자들에 대해 학생과 교사간의 후견이 더욱 증대된다는 것입니다.

FORESEEN: 그것으로 파생되는 교육적 가치는 어떤 것입니까? 정보를 찾아다니는 것, 정보를 이해하고, 그것에 어떤 형태를 부여하는 것은 역시 지식의 습득이라는 의미를 갖는 것인가요?

장 필리프 쿠르투아: 여러 의미가 뒤섞여 있다고 말해야 할 것입니다. 우리는 위에서 아래로 전해지는 매우 개인적인 관계 속에서 여러 가지 상이한 형태의 지식 습득에 집중된 교육 체계를 갖고 있었습니다. 학교의 일상 생활에 통합된 새로운 테크놀로지와 함께 우리는 그룹 스터디라는 개념이 지배적이 되는 것을 느낄 수 있습니다. 사람들은 어떤 일을 여럿이 모여서 하고, 다른 사람들과 교류하며, 다른 학생들, 예를 들어 스트라스부르의 학생들도 수학을 매우 잘하며, 여러분에게 도전장을 던질 수도 있다는 것을 알게 될 것입니다.

이것은 진정한 경쟁심의 형성이고, 팀 정신이 생겨나게 됩니다. 따라서 기본 지식의 획득과, 정보에로의 접근과 관계된 새로운 능력 습득간의 뒤섞임이 생겨날 것입니다. 하지만 이러한 뒤섞임은 언제나 교육의 원동력이 될 것입니다.

종합하자면, 나는 우리가 지식 습득과 정보에로의 접근을 가능케 하는 열쇠를 결합하는 새로운 교육으로 나아가고 있다고 말하고 싶습니다. 그 속에서 교사는 항상 항해중인 선장처럼 존재하고, 도달해야 할 목표와 정보 탐색의 방법에 의미를 부여해 줍니다.

새로운 테크놀로지는 교사의 활동 영역을 확장해 주고, 그의 위치가 갖는 상대적 가치를 인정합니다. 세상으로의 접속은 교사가 교실이라는 한정된 공간에서 책에 있는 지식을 전달해 주는 유일한 존재가 아님을 말해 줍니다. 그러나 그것은 오늘날 우리 생활과, 어린이들이 그들의 직업 생활과 개인 생활에서 접하게 될 지구촌적 커뮤니케이션의 새로운 형태가 가져올 영향들 중 일부분에 불과합니다.

FORESEEN: 프랑스의 핸디캡에 직면하여, 프랑스가 가치화시켜야 할 성공 수단을 갖고 있는 이 분야에서 우리의 뒤처짐을 만회하고, 더 앞서 나아가기 위해 기업과 학교에서 인터랙티비티의 실천을 가속화하는 가능성을 어떻게 보십니까?

장 필리프 쿠르투아: 그것은 중요한 도전입니다. 왜냐하면 기업에 의한 새로운 테크놀로지의 사용과 경쟁력 수준 사이에서, 또한 한 나라의 NTIC[22] 채택과 부와 고용 창출 사이에는 실제적인 연관이 존재함을 수치들이 보여 주기 때문입니다.

나의 경우에 주요 모토는 교육과 그것의 당연한 결과인 양성입니다. 명제는 여기에 있습니다. 그것을 실행할 정책적인 의도가 있어야 하고, 이러한 도구들을 일상적인 것으로 접속해 줄 수 있는 90만 교사들의 교육을 위한 거대한 계획이 있어야 할 것입니다. 교사들의 집에 PC를 보유하는 것은 그들에게 컴퓨터를 더욱 잘 활용할 수 있는 기회와, 웹상에서 교육적인 학습 자료들을 제작하거나 교사들간의 정보 교환을 가능하게 해줄 것이고, 이러한 것은 우리가 경험에서 확인한 사실입니다.

이러한 노력은 장기적인 것이고, 교사·장관·지역의원 등 모든 주역들의 의도와, 이 분야의 교사들이 가지는 역할의 가치 부여가 필요합니다.

우리는 모노리 사장의 예를 들 수가 있겠습니다. 그는 오트비엔의 모든 초등학교에 장비를 갖추어 주기 위해, 그 주의 예산을 늘리지 않는 대신 7킬로미터에 달하는 도로 건설을 포기하였습니다.

기업의 경우도 마찬가지입니다. 나는 우선 기업주들에게 기꺼이 이해하려는 의욕을 가지라고 조언하고 싶습니다. 즉 자신을 위해 교육받는 것을 받아들이라는 말입니다. 우리는 그들이 시간을 다투는 사업을 한다는 것을 압니다. 하지만 내 생각에 이 분야에서 그들은 시간을 가지고 이 도구가 어디에 쓰이는지를 이해하려고 노력하고, 그것을 자신의 손으로 사용하려고 노력해야 한다고 생각합니다. 그것은 그 도구로부터 그들의 기업을 위해 끌어낼 수 있는 모든 이익을 잘 이해하기 위해서 필요합니다.

FORESEEN: 이러한 도구들이 전략적인 결정에 속한다는 것을 이해시키기 위해 기업주에게 당신은 무어라 말해 주겠습니까?

장 필리프 쿠르투아: 기술자문위원들과 사회학자들이 함께 구성된 기업주들의 세미나에서, 우리는 구체적이고 상이한 여러 예들을 통해 어떻게 기업들이 성공을 이루고, 새로운 테크놀로지를 활용하여 경쟁적인 이득을 올릴 수 있었는지와, 새로운 테크놀로지가 진정한 전략적 지렛대 역할을 어떤 식으로 이루고 있는지를 보여 주려고 노력하였습니다. 또한 기업주들은 이러한 새로운 테크놀로지의 전략적 지렛대 위에서 행동해야 하는 자들입니다.

FORESEEN: 인터랙티비티를 전략적 도구로 사용하여 성공한 예를 들자면 어떤 것이 있을까요?

장 필리프 쿠르투아: 월마트를 예로 들 수 있습니다. 이 유통 회사를 성공으로 이끈 중심에는 10년 전에 가졌던 어떤 비전이 중요한 역할을 한 것을 볼 수 있습니다. 그것은 계산대의 명세서를 이용하여 고객들이 어느 시간에 어떤 물건을 사가는지를 파악하고, 상품의 가격과 관계를 개별화하는 가능성을 보유하는 것이었습니다.

정보처리의 도구들에 힘입어, 월마트는 데이터웨어하우스(Datawharehouse)라는 메가베이스 데이터를 구축하고, 그것으로 실시간에 매장 내 고객들의 모든 구매 동향을 파악하게 되었습니다. 가령 스미스 씨가 나타나면, 점원은 그가 이미 전에 어떠어떠한 품질의, 어떤 가격의 물방울 무늬 넥타이를 구입하였음을 알고 있습니다. 따라서 그는 스미스 씨에게 적합한 종류나 가격대의 브랜드를 제시할 수 있게 되는 것입니다.

또한 유나이티드 에어라인의 예를 들 수 있겠습니다. 그 회사는 일드 경영법이라는 개념을 확립하였는데, 오늘날 그 개념은 모든 항공사에서 다 이용되고 있습니다. 즉 비행기의 좌석에 매일매일 가장 적합한 요금을 매기는 제도를 말합니다.

프랑스에서 PME[23] 중 한 보험 회사인 로디아 보험 회사는 특정인들에게 보험 약정서를 판매하는 회사로서, 독립적인 중개인 판매망으로 이미 전산화 시스템이 구축된 30개의 중개 회사들에게 인터넷 익스플로러 브라우저를 이용해서, 그들의 안전화된 서버에 접속할 수 있도록 엑스트라넷을 구축하여 주었습니다. 그 중개 회사들은 말 그대로, 즉각적으로 한나절 만에 그들의 고객 앞에서 직접 요금을 산출하고, 계약서를 구비할 수 있게 되었습니다. 평균적으로 한 계약을 완결시키는 데에 걸리는 시간이 2주라는 것을 감안한다면, 이 회사의 생산성 증대와 그들이 벌어들이는 총매출액을 상상할 수 있을 것입니다. 그들은 중개 회사들의 꾸준한 이용도 증가와 활발한 활약으로 6개월 만에 급격한 성장률을 기록하였습니다.

FORESEEN: 새로운 테크놀로지가 갖는 현재의 가장 큰 전략적 이점을 어떻게 요약하시겠습니까?

장 필리프 쿠르투아: 오늘날 기업에 있어서 정보처리 분야의 투자에는 세 가지 구역이 있습니다. 첫째는 그 투자의 3분의 1을 차지하는 부분으로서, 전통적 경영과 생산에 대한 정보처리화입니다. 두번째는 또 다른 3분의 1로서, 우리가 '클라이언트 서버'라고 부르는 80년대의 정보처리 기술의 진보와 연관되어 있습니다. 즉 다시 말해서 중심 데이터와 PC 사용자간의 기능적이고 잘 배치된 통로를 말합니다.

마지막 3분의 1은 미국에 비해 프랑스가 많이 뒤떨어져 있는 부분으로, 환경과 고객 관계에 접해 있는 모든 것과 연관된 고객 정보처리 분야입니다. 그것은 고객 유치·판매·고객 조사·애프터서비스나 고객 유지 등 모든 것을 포함합니다.

이 세번째 분야가 오늘날 투자 우선권에 속해야 할 것입니다.

이러한 고객 정보처리의 역할을 잘 이해하도록 장려하기 위해 우리는 인간의 신경 시스템과 기업의 정보 시스템간의 유사점을 연구하였습니다. 그 결과 기업의 디지털 신경 시스템은 인간의 신체와 마찬가지로 듣고, 볼 수 있으며, 획득된 경험의 기억이나 혹은 환경적인 자극이 연결된 지능적 기능에 의해 반응하고, 결정하고, 움직이고, 앞서 나아갈 수 있게 해주었음을 알게 되었습니다.

그것은 활동적이고 진보적인 기업의 정보 시스템으로 해볼 수 있는 매우 흥미로운 비교입니다. 그것은 다음의 다섯 가지 단계에서 유용한 것이어야 합니다.

첫번째, 실제적으로 도처에 신경 말단에 해당하는 조직을 확실하게 보유하는 것이 필요합니다. 즉 모든 기업주들이 그들의 고객에 대한 정보처리와 교환, 의사 결정 도구를 보유할 수 있도록 하기 위해 노트북이나 데스크 탑 등의 형태를 떠나서, 모든 형태의 소통 가능한 PC의 기초적 인프라가 필요합니다.

두번째, 정보를 교환하기 위해 소개하고 편집하는 방식(그래픽·이미지·비디오)에 있어서 공통적인 참조 도구를 가지는 것이 필요합니다. 그것이 소통적 사무처리 산업의 다가올 형태가 가지는 역할입니다.

세번째, 전자 우편을 통해 이 신경 시스템을 순환시키는 것이 필요합니다. 전자 우편은 각 개인에게 말할 권리를 주는 것뿐만 아니라, 동시에 진정한 책임지기를 가능케 하고, 그것은 기업의 가장 높은 위치에서 말단에 이르기까지 의사 결정의 능력을 부여하는 것입니다.

네번째, 기존의 전통적인 정보처리 시스템(jobs applications)과 새로운 도구들을 조화시키고, 그것이 새로운 정보 시스템에 의해 공급받을 수 있도록 연결하는 것이 요구됩니다.

다섯번째, 소통 가능한 기업 개념으로, 모든 것은 기업이 그들의 고객을 향해 열릴 때에만 의미를 가집니다. 여기에서 고객 정보처리가 파생되고, 소통하고, 결정하며, 하청업자와 공급자·환경·국가·고객이라는 그물망이 얽히는 네트워크 조직을 소유하는 능력이 생겨나는 것입니다. 또한 그것은 보다 신속하게 행동하고, 보다 효율적이 되며, 올바른 결정을 내리기 위한 것입니다. 인터넷은 이러한 다섯번째 단계를 위한 촉매제입니다.

FORESEEN: 이 직종에 종사하기를 원하는 젊은이들에게 뭐라고 말해 주고 싶습니까?

장 필리프 쿠르투아: 직업이 무엇이든지간에, 이러한 도구들에게로 접근하기 위한 이해가 최우선적으로 필요합니다. 이 분야에 발을 들여놓기를 원하는 사람들에게 있어서 가장 필요한 가치는, 그 도구들과 그것으로 할 수 있는 모든 것에 대한 호기심과 취미와 기호를 갖는 것입니다.

미국에서는 그것을 '웹 스타일 오브 라이프'라고 부릅니다. 웹 세대라는 것이 지금 태어나고 있고, 이 세대는 그 도구와 함께 생활하고, 결정하며, 행동합니다. 그들은 일상적인 생활의 문제나 더 중대한 문제들을 보다 신속하고, 보다 간단하게 해결합니다.

FORESEEN: 그것은 생활과 행동에 있어서 보다 큰 잠재성이 될 수 있을까요?

장 필리프 쿠르투아: 그렇습니다. 왜냐하면 그것은 보다 싫증나고 고통스러우며 시간이 걸리는 문제들을 해결하는 능력을 가짐으로써, 핵심적이고 만족감을 많이 가져다 주는 일들을 할 수 있도록 도와 주기 때문입니다. 하지만 무엇보다도 그것은 커뮤니케이션이 만들어 내는 세상이고, 이 분야로 들어오기 원하는 사람들이 가져야 할 첫번째 자질은 소통 능력을 기르는 것입니다. 즉 타인을 향해 나아가고, 그들과 나누어 가지기를 바라는 것입니다.

3

필리프 제르몽

Cegetel[24] 이사, SFR[25] 사장

FORESEEN: 당신은 프랑스의 텔레커뮤니케이션 분야의 새로운 주역들 중 한 회사를 이끌고 있습니다. 귀사에 대한 소개와 함께 인터랙티비티와 관련된 활동에 대해 말씀해 주시겠습니까?

필리프 제르몽: Cegetel은 프랑스 텔레콤의 주요 경쟁사입니다. 우리는 대중과 기업들을 위한 음성·영상·데이터의 모든 부분에 있어서 텔레콤 시장의 전체에 관여하고 있습니다. 이러한 명분하에 우리는 국가 통신망을 이용한 유선 전화 사업에 참여하고 있습니다. 이 사업은 7(le sept)[26]에 의해 장거리 대중 전화 서비스와 함께 프랑스 전역에서 데이터와 음성을 전파할 수 있도록 하였으며, 또한 일부 비즈니스 센터에서는 지역적 고리망(조직망)을 전개시키고 있습니다.

우리는 2백만이 넘는 가입자를 보유하고 있는 SFR과 함께 이동 전화 사업에도 뛰어들었습니다. 또한 우리는 인터넷 시장에도 진출하였는데, 그것은 아메리칸 온라인과 컴퓨서브[27]와 가진 최근의 파트너십 협정과, 우리에게 25만 명에 달하는 가입자들과 함께 시장의 첫번째 자리를 내어준 Canal+의 덕분이라고 할 수 있습니다.

이러한 일련의 서비스와 함께 우리는 기업과 개인에게 인터랙티비티의 완벽한 서비스를 제공할 수 있게 되었고, 또한 점점 더 많은 기술적인 진보를 제공하게 될 것입니다.

FORESEEN: 인터랙티비티 세상에서 전화의 역할은 어떤 것이 될까요?

필리프 제르몽: 우선 텔레커뮤니케이션은 데이터의 전파와 접속을 위한 주요 도구입니다. 인터랙티비티는 당신의 PC로 데이터를 다운로드하는 데서 생겨납니다. 하지만 그것의 진정한 잠재성은 텔레콤이 가능하게 한 지역 네트워크에 의해 세계적 전산망에 연결됨으로써 현실화됩니다.

오늘날 당신이 있는 곳 어디에서나 음성을 전달해 주는 데에 사용되는 당신의 이동 전화는 데이터의 전송에도 역시 사용되기 시작하였습니다. 다시 말해서, 당신은 당신의 GSM 전화기로 당신의 미니 노트북에 접속하여 인터넷에 연결되는 것입니다. 또한 가까운 미래에 당신의 이동 전화는 안전화된 지불 기능을 수행하게 될 것이고, 직통으로 인터넷과 접속할 수 있게 될 것입니다.

이동 전화는 음성의 전달이라는 원래의 기능을 떠나서, 인터랙티비티의 세계에서 일정량의 행동을 실행하게 해주는 진정한 휴대용 단말기가 될 것입니다.

FORESEEN: 만약 데이터의 전송이 텔레커뮤니케이션 주역들에 의해 실현 가능하다면, 유선 사업자나 위성 방송 사업자 같은 상이한 테크놀로지의 경쟁력이 나타날 분야에서 주역이 될 자들은 누구이며, 주요 쟁점이 될 만한 것은 어떤 것이 있을까요?

필리프 제르몽: 인터랙티비티 시장의 주역들 중에는 콘텐츠를

제공하는 사람들이 있을 것입니다. 인프라를 구축할 기업들, 즉 텔레콤 기업들은 두번째로 중요한 주역이 될 것입니다. 미국에서 5년 전에 사람들은 미국 텔레콤의 인프라가 갖는 능력을 15-20퍼센트 정도로 보았으나, 전송 능력의 과대 현상을 보여 주었습니다. 오늘날에는 전송 능력의 과소 현상과 함께 미국에서 텔레콤의 인프라가 극도로 부족한 실정에 있습니다. 주식 시장에서도 역시 텔레콤 기업들의 일부는 폭발적인 주가 상승을 기록하고 있는데, 왜냐하면 인터넷의 발달과 함께, 영구적인 인프라의 필요성이 지대해졌기 때문입니다.

오늘날 인터넷의 속도가 느린 것은, 단순히 인프라의 결핍에서 오는 문제점과 기존의 인프라에서 나오는 산출량의 부족에 기인한 것입니다.

통신망은 그 자체로 고성능이 될 것입니다. 오늘날 표준 통신망의 산출액에 박차를 가할 테크놀로지가 있습니다. 그것은 ADSL로 프랑스 전역에 깔려 나갈 것이고, 표준 통신망을 멀티미디어 사용에 있어서 보다 완벽하게 만들게 될 것입니다.

Cegetel에서 우리는 '고성능 무선 전신' 기술을 시험하기 시작할 것입니다. 그것은 구리나 광학 섬유로 된 물리적인 지역 연결고리를 사용하기보다는 케이블 기술과 유사한 보다 완벽한 고성능을 가능케 하는 GSM에 근접한 무선 전신 테크놀로지를 사용하여, 지역 멀티미디어 고리로의 접속 제안을 가능케 해줄 것입니다. 이 기술은 1999년 이후에 조작 가능하게 될 것입니다.

FORESEEN: 인터랙티비티 분야에서 텔레커뮤니케이션 조작자들의 주요 사안은 무엇입니까?

필리프 제르몽: 실용주의자로서 말씀드리자면, 주요 관건은 통

로를 가득 채우는 것이라고 말하겠습니다. 즉 점점 더 많이 대량으로 전화 사용 횟수를 최대화시키는 것입니다. 그것은 전화를 이용한 대화의 교류에서 데이터의 전송에 이르는 작업으로서, 인터랙티비티를 발전시킴으로써 모든 가능성과 접하게 됩니다. 텔레콤 조작자는 인터랙티비티 분야의 완벽한 주역이며, 인터넷으로의 '접속 제공자' 같은 직종에까지 이르는 서비스를 해줄 수 있는 자입니다. 우리는 우리 고객들에게 장거리 전화나 이동 전화뿐만 아니라, 인터넷 접속과 인터랙티비티의 가능성과 함께 나타날 새로운 서비스들을 제공하기를 바랍니다.

FORESEEN: 이동 전화에 있어서 소비자들에게 해줄 수 있는 서비스에는 어떤 가능성들이 있을까요?

필리프 제르몽: 휴대 전화의 기본적 자질은 두 사람 사이의 대화를 형성시켜 준다는 것입니다. 내가 전화를 노트북에 연결하면 이 대화는 데이터로 확장되고, 결국에 나는 단순한 커뮤니케이션을 넘어서 손바닥 위에서 내 생활을 편리하게 해줄 수 있는 도구를 하나 가지게 되는 것입니다.
만약 내게 10분의 여유 시간이 있다면, 나는 무엇을 할 수 있을까요? 연극 공연의 좌석이나 기차의 좌석을 예약하고, 기상 정보를 알아보고, 내가 선택한 구역 내에 비어 있는 방들에 대한 정보를 주는 예약 센터에서 호텔을 예약할 수 있고, 또한 내 선불 카드를 충전할 수도 있습니다. 내 휴대 전화는 이런 식으로 지불 도구가 될 수 있는 것입니다.

FORESEEN: 그것이 어떤 쪽으로 우리의 생활 방식을 변화시키게 될까요?

필리프 제르몽: 영구적으로, 당신이 어디에 있든지간에 당신은 당신이 원하는 세계 어느곳과도 접속할 수 있게 됩니다. 전화는 완전한 자유의 구성 요소가 될 것입니다. 당신의 전화 번호는 더 이상 어떤 지역에 속해 있는 것이 아니라, 한 사람의 개인에 속하게 됩니다. 이것은 근본적인 변화로 볼 수 있습니다. 얼마 지나지 않아 당신의 고정적인 전화 번호가 당신의 휴대 전화 번호가 될 것이고, 당신은 이 사람에서 저 사람에게로 자동적으로 이동할 수 있게 될 것입니다. 당신은 세계 어디서든 인터랙티브 접속을 하기 위해 진정한 여권이 될 평생 전화 번호를 가지게 될 것입니다.

항상 사람들은 당신과 실시간으로 접속할 수 있을 것입니다. 그것은 결과적으로 의사 결정의 시간을 가속화시킬 것입니다. 생활은 이러한 이점과 불편함을 동시에 가짐으로써 더욱 빨라지게 됩니다.

더 이상 장소에 연결되는 것이 아니라 개인에게 연결되는 이러한 전화라는 인터랙티비티 도구와 함께, 언제나 참여할 수 있다는 사실은 우리 생활 방식에 매우 중대한 사건을 불러일으킵니다. 아마도 사적인 생활에서 개인을 존경하는 전화 사용법에 대한 사회적 규율을 재정의해야 할 것입니다.

FORESEEN: 당신은 이것이 진정한 사회적 발전이라고 생각하십니까? 또한 어떤 점에서 그러한가요?

필리프 제르몽: 그렇습니다. 나는 그것을 세 가지 차원에서 진정한 사회적 발전이라고 생각합니다.

대중들에게는 전통적으로 모든 사람에게 배포되는 정보가 있었는데, 그것은 어떤 특정한 필요에 대한 답이나 분할의 진정한 가능성이 없는 것이었습니다. 오늘날 개인은 세계 속에 산재한 정보들의 총합과 접속할 수 있는 통로를 가지고 있고, 또한 선택할 수도 있습니다. 그는 더 이상 수동적이지 않고 능동적입니다.

기업에 있어서 그것은 세계를 향해 개방하는 것이고, 자신을 발전시키는 가능성입니다. 예를 들어 브르타뉴 지방의 지역적인 특산물을 생산하는 업체는 그들의 제품을 적당한 가격으로 세계 도처에 상품화할 수 있을 것입니다. 세계 시장에 대한 논리 계산이나 상업적인 수단이 없던 기업도 인터넷에 의해 즉각적으로 세계와 연결될 수 있습니다.

마지막으로, 두 경우에 있어서 모두 경쟁과 새로운 테크놀로지가 비용을 인하하게 될 것이므로 텔레커뮤니케이션의 요금은 줄어들 것입니다.

이러한 장거리 통신의 요금 인하는 지방의 고용 창출을 도울 것입니다. 많은 기업들이 지방에서 파리까지의 전화 요금이 너무 많이 나온다는 이유로 지방으로의 사업 확장을 주저해 왔습니다. 요금이 인하되면 기업들은 지방에 콜센터를 두는 것에 있어서 종전보다 덜 망설이게 될 것입니다. 또한 그들은 커다란 핸디캡만 우선적으로 보이던 지방에서 고용 창출을 조장하게 될 것입니다.

FORESEEN: 프랑스 사회가 다소 뒤처지고 있다는 것을 감안할 때, 어떻게 진보를 가속화시켜야 할까요?

필리프 제르몽: 만약 프랑스가 뒤처져 있다면, 그것을 따라잡을 수 있다고 생각합니다. 휴대 전화의 보급에 있어서 다소 뒤처짐이 있지만, 1년 내에 이동 통신의 침투 비율은 2배가 될 것이고, 1999년에 프랑스는 뒤떨어짐을 어느 정도 만회할 수 있을

것입니다.

인터넷에 있어서도 프랑스는 매우 느린데, 그것은 우선 전통 문화적 이유들 때문입니다. 왜냐하면 우리는 혁신을 받아들이는 데 있어서 항상 많은 시간을 들이기 때문이고, 또한 미니텔이 정보의 필요성과 관련된 서비스들을 제공해 주고 있었기 때문에 인터넷의 발달을 제한하고 있었습니다. 아마도 높은 실직률도 대중의 투자에 있어서 심리적인 제약으로 작용했을 텐데, 왜냐하면 PC의 구입 가격이 꽤 높은 수준이었기 때문입니다.

PC의 가격 인하에 따라, 우리는 멀티미디어 PC 구입의 폭발적 현상을 보게 될 것이고, 이동 통신이 97년 성탄절의 선물이라 말할 수 있다면, 인터넷 접속이 98년 성탄절 선물이 될 것입니다. 프랑스는 뒤처짐을 만회할 것입니다.

나는 PC 구입에 있어서 보조금을 주는 방안이 시장 발달의 가속화 요인이 될 것이라는 것에 찬성하지 않습니다. 내 생각에 시장은 보조금 없이 전개되고, 그 고유한 역동성을 만들어 내야 한다고 생각합니다.

FORESEEN : 교육에 있어서 인터랙티비티의 위치는 어떤 것입니까?

필리프 제르몽 : 아주 근본적인 것이죠. 교육 현장은 역동성이 시작되어야 하는 분야입니다.

나는 교육 현장이 설비를 갖추지 않은 채로 가정과 기업이 멀티미디어 설비를 갖추는 것을 상상할 수 없습니다.

교육받지 못한 교수 같은 몸체의 호환성 없는 개인용 컴퓨터인 그 유명한 T07이라는 모델의 지난 실수를 개조하는 식으로 설비를 갖추지는 말아야 할 것입니다. 교육 현장은 훌륭한 교육

적인 도구가 될 수 있는 인터넷 접속이 가능한 최신 테크놀로지
의 제품으로 설비를 갖추어야 할 것입니다.

어린이들을 위한 인터넷은 훌륭한 성공 수단을 가지고 있습니
다. 아이들의 호기심을 자극하고, 재미있고 상호 작용적이며, 혁
신적인 방식으로 교사를 동반하여 정보 검색을 한다는 조건하
에 학생들을 고무시킬 수 있습니다. 하지만 그것은 인터넷에 대
한 교사의 교육이 선행되어야 합니다. 학교의 설비갖추기는 근
본적인 문제입니다. 관련 사업자들의 경쟁을 부추겨야 하고, 인
터넷에 대해 교사들을 교육시켜야 합니다. 그것은 인터랙티비티
시장의 폭발을 위한 기본적인 요소입니다.

FORESEEN: 전자 시장에 대해서는 어떤 전망을 갖고 계십니까?

필리프 제르몽: 매우 중요합니다. 전자 산업은 프랑스에서 극
도로 미약합니다. 미국에서도 전자 산업은 다소 약한 편이나, 성
장률은 꽤 높은 편입니다. 정말로 폭발적으로 일어나야 할 부분
은 우리가 '비즈니스 컨서머'라고 부르는 것입니다. 기업체들은
소비자에게 자기 회사의 제품 카탈로그를 여러 방법으로, 쌍방
향적이고 기술적인 방법으로 접하게 하고, 직접적으로 인터넷
단말기에 의해 주문하고 지불하도록 해야 합니다.

시장은 꽤 넓습니다. 우리는 미국의 아마존사를 예로 들 수 있
습니다. 그 회사는 인터넷상의 실제 서점으로, 수백만 권의 책을
소개하고 있으며, 48시간 내에 배달해 줍니다. 그 성공은 엄청난
것이었고, 전자 상거래는 서점가를 혁신하고 있는 중입니다.

캘리포니아 주에 또 다른 예가 있습니다. 만약 당신이 라디오
를 듣다가 마음에 드는 음반이 나왔을 때, 당신의 휴대 전화에
'CD now'를 입력하면, 당신이 주문하기를 원하는 그 음반을 들

은 라디오의 주파수를 써넣으라는 말이 뜨고, 모레에는 그 음반이 당신의 집에 배달될 것입니다. 구매 행위가 전통적으로 소비자에게 있어서 불편한 절차로 남아 있는 분야에서 이것은 즉각적인 서비스를 제공해 줍니다. 소비자들은 대부분의 시간에 구매 행위를 하지 않습니다. 왜냐하면 생활이 그들로 하여금 그러한 일에 대해 등을 돌리도록 만들기 때문입니다.

전자 상거래에 있어서 인터넷 전문 채널이 시작되었습니다. 인터넷 접속이 현저하게 증가함으로써 광고자들은 인터넷상에서 광고와 거래를 해야 할 유혹을 느끼게 될 것입니다.

FORESEEN: 당신의 분야에서 기업들을 상대로 직면하게 되는 어려움은 어떤 것이 있습니까?

필리프 제르몽: 어려움에 직면한다기보다는 걱정이 앞서고 있습니다. 인터랙티비티는 근본적으로 모델의 변화를 내포하고 있습니다. 기업체들에게 이것은 걱정거리입니다. 그들은 인터넷 경제를 이해하지 못하고 있고, 보상 없이 그들의 콘텐츠를 인터넷상에 올리는 것을 두려워합니다. 왜냐하면 지금은 어느 누구도 돈을 벌지 못하고 있으니까요. 우리는 폭발 국면에 있고, 다른 모든 경제에서처럼 균형은 이루어질 것입니다. 하지만 인터넷에서 각각의 공헌자들은 콘텐츠 단계이거나, 혹은 그 콘텐츠를 담아내는 단계이거나간에 돈을 벌게 될 것이고, 투자를 재정적으로 뒷받침하기 위해 필요한 이윤을 생산하게 될 것입니다.

기업체들은 기회주의자들입니다. 왜냐하면 인터랙티비티는 유통 구조와 기업주들·광고주들에게 있어서 똑같이 변화로 받아들여지기 때문입니다. 이러한 모델의 변화에 직면하여 여러 걱정과 불안은 증명된 것이 아닙니다. 왜냐하면 경제의 적응 시점에서 우리는 아직도 얕은 지점에 위치해 있고, 구모델에서 신모델로 넘어가는 이러한 시점에서는 모든 적응이 필요한 것이기 때문입니다. 전자 상거래는 미래에 전통적인 유통 구조를 없애지는 않을 것입니다. 특히 프랑스에서는 유명한 브랜드가 무시할 수 없는 역할을 수행할 것입니다. 왜냐하면 우리는 라틴족이고, 신뢰성의 차원에서 물건과 판매자를 직접적으로 대하기를 좋아하기 때문입니다.

예를 들어 우리는 개인용 컴퓨터 산업에 있어서 일부 국가에서는 VPC[28]를 이용한 직판이 매우 큰 비율을 차지하고 있는 것을 확인할 수 있습니다. 프랑스에서 그것은 매우 제한된 일부로 남아 있는 실정입니다.

인터넷은 소비자에게 있어서 선택을 쉽게 해주고, 실제적으로 유통의 일부 모델을 바꾸어 주는 보충적인 수단이 될 것입니다. Fnac[29]과 같은 회사들은 인터넷에서 자신의 상품을 판매하는 문제에 직면해 있습니다. 한편으로 보면, 그들이 점유하고 있는 대도시에서는 일종의 위협을 느낄 수도 있으나, 또 한편으로는 아직 손이 미치지 않은 모든 중소 도시들에까지 그들의 상품을 판매할 수 있는 새로운 기회를 가지게 되는 것입니다.

모델의 변화는 있습니다. 많은 사람들이 그것을 위협으로 여기고 있습니다. 하지만 내 생각에 그것은 자신의 시장의 범위를 확장시킬 수 있는 기회를 근본적으로 제공받는 것으로 여겨져야 합니다. 비록 그것이 일부 유통 구조에 혼란을 가져올지도 모르지만 말입니다.

FORESEEN: 이러한 변화에 직면해 있는 기업들에게 당신은 어떤 조언을 해주고 싶습니까? 그러한 경험을 해보도록 장려해야 할까요?

필리프 제르몽: 이 문제는 경험의 차원에 있지 않습니다. 그것은 불가피한 것임을 깨달아야 합니다. 어떤 프랑스 회사가 모든 새로운 테크놀로지에서 오는 이점을 이용하지 않는다면, 비록 단기적으로 그것이 위협이라는 생각을 하더라도, 다른 회사가 그들 대신 그 일을 하게 될 것입니다.

만약 프랑스 회사가 필요한 진보를 이루어 국내 시장과 세계 시장을 장악하지 않는다면, 프랑스 소비자들에게 새로운 유형의 서비스를 제공하고, 국제 시장에서 프랑스 회사를 공격하는 것은 아마도 미국인 회사가 될 것입니다.

테크놀로지의 진보는 불가피한 것입니다. 프랑스의 소비자들만 격리되지는 않을 것입니다. 그들은 인터넷에 의해 세계의 모든 정보와 서비스·제품들과 접하게 될 것입니다.

FORESEEN: 새로운 테크놀로지 분야에서 그 전략을 신속하게 실행하려는 기업들에게 어떤 조언을 하고 싶습니까?

필리프 제르몽: 이것은 분명 상업적인 메시지입니다. 하지만 나는 그들에게 텔레콤 관련자들에게 자문을 구하라고 조언하고 싶습니다. 왜냐하면 그들은 조언자의 역할을 수행하기 위해 미래의 인터랙티비티 시장의 진화와 필요성을 잘 이해할 수 있게 해주는 일련의 테크놀로지를 보유하고 있기 때문입니다.

텔레콤 사업자들은 점점 더 완전한 해결을 위한 통합자가 되어가고 있습니다. 예를 들어 Cegetel은 고용연대의식부 장관에 의해 사회 보건 네트워크로 선정되었습니다. 이 네트워크는 물론 정보처리 전산망으로서, 모든 병원에 인터넷 협정서에 맞게 완전히 전산화된 컴퓨터가 설치되어 사회보장제도의 서류들을 다룰 수 있게 해주는 인트라넷과 엑스트라넷이 구축되어 있습니다. 의사와 사회보장제도의 회계원, 그리고 보건부 책임자들 사이의 정보처리 시스템의 통합자로 책임져야 할 사람은 바로 텔레콤 조작자들입니다.

FORESEEN: 귀사는 Bull사의 경쟁사가 되었습니까?

필리프 제르몽: 우리는 불사의 경쟁자가 되었지만, 동시에 그들의 파트너가 되었습니다. 왜냐하면 통합자의 위치는 컴퓨터 정보처리 산업과 파트너십을 유지해야 되기 때문입니다.

FORESEEN: 정보처리 전문가의 보다 관습적인 해결점에 비해서 텔레콤 조작자들을 거치는 것의 이점은 무엇입니까?

필리프 제르몽: 텔레콤 조작자는 커뮤니케이션의 네트워크와 테크놀로지를 제어합니다. 컴퓨터 정보처리 회사들에 의해 제공되는 표준 제품들에 직면하여, 오늘날 텔레콤 조작자들은 PC로부터 나오는 정보를 포착하게 될 것이고, 그것들을 각각의 협정에 따라 다른 컴퓨터나 이동 전화에 발송시킵니다. 따라서 정보처리 해결 총체의 통합자이며 진정한 우두머리 역할을 수행하는 것입니다.

텔레콤 조작자들은 단순히 이동만을 위한 파이프 관이 아니라, 지능적인 관이라 할 수 있습니다.

어떤 기업을 위해 우리가 인트라넷이나 엑스트라넷을 만들 때, 우리는 모든 안전을 위한 약정을 규정해 놓습니다. 우리는 시스템으로의 접속과 입장을 위한 가능성들을 규정지어 놓음으로써 '방화벽,'[30] 즉 방화문을 설치해 놓습니다.

FORESEEN: 이 새로운 직종에 종사하고자 하는 젊은이들에게 당신은 어떤 조언을 해주고 싶으십니까?

필리프 제르몽: 이것은 정복해야 할 새로운 국경이고, 고용 창출에 있어서 굉장한 증가율을 보일 분야입니다. 경쟁이 있기 때문에 고용이 생겨나고, 경쟁은 테크놀로지의 역동성과 시장의 정복과 창출을 조장합니다. 작년에 우리는 2천 명의 직접적인 고용을 창출하였는데, 그것은 6천 명의 간접 고용을 파생하였습니다. 우리는 아마도 향후 몇 년 동안 1년에 2천 명의 직접적인 고용을 창출하게 할 것입니다.

또한 모든 다른 분야에서도 새로운 직종들이 많이 생겨나고 있습니다. 엔지니어, 상거래인, 창조적인 일의 종사자, 개발자, 콜센터 종사자들이 그러한 것들입니다.

인터랙티비티 분야의 직종들은 고용 창출을 활성화시키는 요소를 많이 보유하고 있습니다. 하지만 인터랙티비티는 거리를 없앤다는 것과, 우리가 만들어 낼 수 있는 직종은 다른 나라에서도 쉽게 생겨날 수 있다는 사실을 인지하는 것이 중요합니다. 따라서 프랑스에는 우리에게 경제적으로 성공할 만한 직종들을 개발해 주는 사회적이고 경제적인 풍토가 필요합니다. 왜냐하면 오늘날 이미 프랑스의 몇몇 회사들은 아일랜드와 같이 임금이 보다 적고, 세금 부담이 적은 나라에 그들의 콜센터를 세우고 있기 때문입니다.

4

피에르 레퀴르

Canal+ 사장

FORESEEN: 여러 채널의 공급에 있어서 뿐만 아니라, 인터랙티브 텔레비전의 보급에 있어서도 Canal Satellite와 함께 귀사는 새로운 테크놀로지의 개척자들 중 하나입니다. 이러한 새로운 테크놀로지는 어떤 식으로 텔레비전을 변화시키게 될까요?

피에르 레퀴르: 우선 시청자들에게 주어지는 프로그램 선택의 커다란 자유일 것입니다. 데이터의 응축에 의해 디지털은 거의 무한한 채널들을 제공할 수 있게 됩니다.

디지털 시대 이전에는 텔레비전을 방영하기 위한 주파수가 한정되어 있었기 때문에 채널 공급을 제한해 왔습니다. 한 텔레비전 채널의 프로그램 편성자는 하룻동안 모든 사람들을 만족시킬 어떤 것을 찾아내고, 보여 주려고 노력하였습니다. 오늘날 디지털은 다수의 프로그램이 동일한 운반 능력을 가지도록 해주었습니다. 채널들의 모임은 각 채널마다의 특정한 프로그램 제공에 의하여 시청자 개개인의 모든 기대에 부응할 수 있게 되었습니다.

그것은 또한 어떤 채널에서 한 주제를 다룰 때 보다 완벽하고, 보다 정보 제공적이며, 보다 정확하고, 보다 심도 있게 될 가능성을 가지는 것입니다.

따라서 텔레비전 사업체의 경우 보다 많은 창조적이고 정보 제공적인 기초적 소재들을 생산해 내는 것이 필요합니다. Canal Satellite에서 우리는 수도꼭지만 틀면 물이 나오듯 전원만 켜면 바로 프로그램이 흘러나오는 시스템을 채택하지 않았고, 진정한 부가 가치를 창출해 내기 위해 노력하였습니다.

우리의 의도는 보다 많은 프로그램을 방영하고, 그 프로그램들을 소비하기 위한 더 많은 방식을 제공하려는 것이었습니다. 즉 당신으로 하여금 널따란 부채꼴로 펼쳐진 수많은 채널을 가진 수동적인 TV 시청자가 되도록 하는 것뿐만 아니라, 텔레비전과 함께 행동할 수 있는 곳으로 들어가도록 제안하는 것입니다. 한편으로는 당신이 보고자 하는 뉴스나 쇼 프로그램의 시간을 마음대로 정할 수 있는 보다 많은 자유를 가지는 것이고, 또 한편으로는 어떤 주제가 당신의 흥미를 끌고, 당신이 그것을 심화시키기를 원한다면 그 주제에 대한 보다 많은 자료들을 획득할 수 있는 가능성을 보유하는 것이기도 합니다.

지금까지 텔레비전은 프로그램의 세상 속에서 발전해 왔습니다. 그것은 이제 시청자가 원하는 시간에 특정한 정보를 얻을 수 있는 서비스를 제공하는 세상을 향해 열리고 있을 뿐만 아니라 ——예를 들어 기상 예보나 교육 프로그램, 그가 즐겨 보는 쇼 프로그램 등——현재의 멀티미디어에 의해 제공되는 대량의 서비스 또한 이용 가능한 것입니다. (프로그램에 대한 지식, 문화적 서비스와 물품에 대한 구매, 가상 상점, 통신 판매나 신용 카드로 하나씩 구입할 수 있는 TV나 컴퓨터 프로그램의 구매 등.)

FORESEEN: 만약 그러한 공급이 무한하다면, 공급에 대한 Canal Satellite의 정확한 철학은 무엇입니까?

피에르 레퀴르: Canal+[31] 그룹의 철학은 항상 부가 가치의 철학이었습니다. 우리가 Canal+ 채널을 만들었을 때, 우리는 사용료를 정당화하기 위해서 부가 가치를 만들어 내야만 했습니다. 이러한 부가 가치는 독점성 위에 이루어졌습니다. 독점적인 쇼 프로그램이나 시사회를 보는 가치는 무엇입니까? 오늘날 대중은 가치의 개념을 텔레비전의 제공과 통합해 버렸습니다. Canal Satellite와 함께 한 디지털의 도래에서 우리는 대중들이 기대하고 있던 주요 테마들에 근거하여 부가적인 가치를 만들어 내기를 원했습니다. 즉 스포츠·영화·청소년·음악·뉴스가 그런 것들이죠. 우리는 또한 보다 유연한 프로그램 편성과 보다 정확한 다원화된 방송을 위해 노력하였습니다. 예를 들어 Canal Satel-lite에는 세 가지 Canal+가 있는데, 그것은 중요한 축구 경기가 있는 날에도 항상 영화를 볼 수 있는 가능성을 주기 위한 것입니다.

우리는 특히 추가적인 단계를 뛰어넘기를 바랍니다. 그것은 우리의 미디어 하이웨이 테크놀로지에 의해 공급되는 것이죠. 이 기술은 Canal+의 정보처리 전문가와 기술자들에 의해 개발된 것으로, 프로그램들 사이로 쉽게 이동할 수 있게 함으로써 텔레비전을 보다 간단하고 활동적인 생동감으로 가득하게 합니다. 가장 좋은 예는 포뮬라원의 그랑프리 경기 중계로, 나 자신이 배우가 되어서 포뮬라원 경기를 내가 원하는 대로 시청할 수 있습니다. 즉 일반적으로 경주의 앞자리에 고정된 카메라로 방송의 연출자가 결정한 방식대로 경기를 구경하는 것이 아니라, 8개의 채널 중 내가 선택한 카메라로 경기의 모든 단계를 시청하고, 혹은 내가 좋아하는 선수와 함께 출발 장소에 머물러 있을 수도 있습니다.

미디어 하이웨이는 또한 상거래 조작도 가능하게 해주는데,

나는 내 소파에 편안히 앉아 리모컨을 가지고 제품이나 쇼·서비스 등을 내 신용 카드로 주문할 수 있습니다.

시청자들에게 제공되는 다른 부가적 가치는 채널바꾸기의 극단적인 다양성입니다. 재핑은 발명적인 것이 되는데, 왜냐하면 채널 사이에서 재핑의 가능성이 있을 뿐만 아니라, 텔레비전 환경을 보다 지능적으로 만드는 조종자 덕분에 프로그램들을 선별할 수 있는 가능성까지 제공해 주기 때문입니다. 그것은 한 프로그램을 조종할 수 있을 뿐만 아니라, 선택한 방송의 일부분을 미리 보여 주도록 디코더에게 명령할 수도 있습니다.

FORESEEN: 어떤 의미에서 이 새로운 테크놀로지는 우리 생활 방식을 혼란시키고, 아울러 우리를 즐겁게 해줄 수 있을까요?

피에르 레퀴르: 제공된 범위는 꽤 넓습니다. 시청자는 음향과 영상·정보의 중간에 이동할 수 있습니다. 옛날에는 일반적인 채널들의 단일한 프로그램 편성을 그대로 따라가는 수동적인 입장이었습니다. 한 채널에서 다른 채널로 바꾸면서 시청자는 감각적인 것을 찾아서 자기를 매혹시키는 영상 위에 머무릅니다. 디지털과 함께 시청자의 태도는 확연하게 변화합니다. 그는 능동적이 되고, 프로그램을 선택하고, 정보를 찾기 위해 탐색을 합니다. 그는 TV라는 도구를 제어하고, 프로그램 편성자가 됩니다.

인터랙티비티 테크놀로지는 이렇게 보다 역동적인 방식으로 시청자들을 즐겁게 하기 위한 새로운 공급을 상상하게 만듭니다. 우리는 얼마 전부터 시청자들이 직접 참여하는 게임 프로그램을 만들고 있습니다. 우리는 경기의 최고 선수를 뽑기 위한 직접 투표나, 사회의 토론과 관련된 문제들에 대답하는 가능성들을 위해 구상하고 있습니다.

바뀌는 것은, 텔레비전 시청자들이 자신의 시간을 보다 잘 활용하게 되고, 이 기분 전환거리에 대한 자신의 자유를 더 많이 누릴 수 있다는 것입니다. 우리 각자는 이렇게 말할 수 있을 것입니다. "무슨 일이 있든지간에, 아무 때나, 나는 뉴스를 들을 수 있다. 나는 더 이상 저녁 8시 대미사의 편성자에 매어 있지 않다." 우리가 시청자로 하여금 텔레비전을 소비하는 방식을 변화하도록 만드는 것인지, 혹은 반대로 우리가 각 개인의 다른 생활 리듬에 적응하고 있는 것인지는 알 수가 없습니다. 하지만 내가 분명히 알고 있는 것은 오늘날 전통적인 텔레비전의 소비 방식과 **Canal Satellite** 사이에는 현저한 차이가 있다는 것입니다.

FORESEEN: 이러한 진보가 어떤 의미로, 어떻게 다가오고 있다고 보십니까?

피에르 레퀴르: 대중들이 자신의 지표를 찾는 데에는 얼마간의 시간이 걸릴 것입니다. 오늘날 이미 80만의 **Canal Satellite** 가입자들이 있고, 그것은 엄청난 수인 동시에 적은 수이기도 합니다. 하지만 그 수치는 매우 빨리 증가할 것입니다. 우리는 첫해에 우리 목표의 거의 3년치를 미리 이루었습니다. 그것은 매우 신속하게 진행되었습니다. 왜냐하면 즉시 확인할 수 있는 부가적 가치가 있기 때문입니다. 모든 채널에서 영상은 아름답고, 음향은 맑습니다. 또한 프로그램의 공급도 매우 풍부하고, 항해의 선장, 즉 능동적인 시청자가 되기 위해 수동적인 위치에서 탈출할 수 있는 가능성은 다수의 가입자들에게 있어서 매력적인 점이 됩니다. 사람들은 동기 유발이 충만하게 되어 있고, 이것은 더욱 가속화될 것으로 생각됩니다. 우리는 1년 안에 20개 채널에서 1백 개로 늘어날 것입니다.

　우리들 각자는 이것이 그리 복잡한 일이 아니란 것과, 차이를 즉시 볼 수 있으며, 막대한 잠재력이 있음을 감지하고 있습니다. 우리가 5년 전에 먼 훗날의 일로 꿈꾸어 왔던 것들이 오늘날엔 현실적으로 존재합니다.
　이러한 모든 즉각적인 이점들은 그 진보를 더욱 가속화할 것입니다.

　FORESEEN : 당신은 이러한 진보를 진정한 사회적인 발전이라고 여기십니까?

　피에르 레퀴르 : 텔레비전이 사회적 발전이었다고 보십니까? 나는 그렇다고 생각합니다. 새로운 테크놀로지가 제공하는 정보와 문화의 순환은 나에게 또다시 그렇다고 말하게 합니다. 디지털 텔레비전은 엄청난 진보를 뛰어넘은 것인데, 왜냐하면 그것은 공격적이지 않은 매우 간단한 방법으로, 매월 내는 시청료만으로 엄청나게 많은 것들과 접속하게 해주기 때문입니다. 그것은 가능한 한 가장 전체적인 편재성입니다. 그것은 텔레비전의 소비 방식에 있어서 부인할 수 없는 진정한 사회적 '플러스' 요인입니다.
　수동적 텔레비전 시대에 비해, 디지털 TV는 시청자들에게 자신의 의도에 따라 상호 작용을 가능하게 만들었습니다. 영화를 보고 있을 때에도 그는 그가 바라는 바를 섬세하게 끌어낼 수 있으며, 그것은 조금 더 세밀하고, 조금 더 심사숙고된 태도로 이루어집니다. 그것은 조지 오웰의 《1984년》에 나오는 예견들과는 반대입니다. 나는 주역과 일체가 되는 것입니다.
　나의 관점을 정리하자면, 여기에 바로 선택의 자유와 행동하는 능력이 있다고 봅니다. 분명 여기에 문명의 발전이 존재하는 것입니다.

FORESEEN: 이러한 진보가 다수의 대중에게 분배되기 위해서는 어떻게 그것을 장려하고 가속화해야 하겠습니까?

피에르 레퀴르: 내 생각에 대량의 주역들이 나타남으로써 이러한 텔레비전의 수요가 가속화될 것 같습니다. 예를 들어 '내일'이라는 구직 채널은 나에게 있어서 앞으로 발생할 것들에 대한 매우 의미 있는 경험이 되었습니다. 그것은 Canal+에서 분명히 한낮에 4분짜리 방송으로 배정되었던 컨셉이었습니다. 하지만 그것은 하루에 18시간을 방영하는 채널이 되었습니다. 표현할 수 있게 될 수많은 새로운 능력을 상상해 보십시오. 그것은 단지 기술적으로 그 채널을 만들기 위해서 뿐만 아니라 편집적인 측면을 생각하기 위해서이며, 프로그램을 떠나서, 정보에 있어서 서비스를 풍요롭게 만들 수 있기 위해서입니다. 매우 특수한 분야의 주역들은 모든 분야에 있어서 디지털 텔레비전에 투자할 것입니다. 오락과 상업을 거쳐 종교와 정치에 이르기까지 말입니다. 내 관점에서 보자면, 남성들과 여성들로 이루어진 그들 집단은 이러한 진보의 후원자가 될 것입니다.

FORESEEN: 이러한 진보가 텔레비전 관련 직종을 어떻게 변화시킬까요?

피에르 레퀴르: 우리의 일도 변화합니다. 우리는 더 이상 단순히 창조자나 배포자·제작자가 아닙니다. 우리도 역시 '문지기'가 될 것입니다. 우리는 분배자이고, 테크놀로지를 보유하고 있으며, 진보를 위한 노하우도 있습니다. 우리의 목표는 배포될

수 있는 아이디어·컨셉·포맷·정보·서비스 등을 최대한 끌어들이는 것입니다. 우리는 물론 프로그램의 제작자이지만, 동시에 촉매자가 되어야 합니다. 많은 직종들은 이 세계에 소개되지 않았었는데, 예를 들어 글쓰는 직업들은 얼마간 시청각 매체에서 확장되고 있으며, 디지털 세계에서 실제적으로 자신을 드러낼 가능성을 가지게 될 것입니다.

우리는 TV의 공급이 다양한 주제들에 대한 심화된 토론을 결여시킨다는 사실을 관찰했습니다. 하지만 플라넷[32]과 같은 매우 관심을 끄는 컨셉들로부터 우리는 플라넷 포럼[33]으로 이행할 수 있었습니다. 다시 말해서 어떤 다큐멘터리를 보여 주고, 다양한 관련된 인물들로 하여금 그것에 대해 말하게 하는 것이죠. 디지털에 의한 이러한 주어진 시간의 자유는 텔레비전 분야에서 많은 새로운 개입자들의 등장을 조성할 것이고, 여러 가지 다른 형태의 새로운 텔레비전을 만들어 내게 될 것입니다. 우리는 그에 맞게 적응해야 하고, 텔레비전의 소비 형태를 재정의해야 할 것입니다. 우리는 우리가 텔레비전에 관심을 집중시킬 수 있는 인구가 저녁 8시 30분대 TV 시장의 40퍼센트밖에 안 되고, 특정 흥미 센터 주변에서 동기를 유발시킬 수 있는 인구의 단편일 뿐이라는 사실을 인식해야 합니다. 또한 이러한 사실은, 광고 회사와 광고주들이 그들의 목표에 비해 터무니없이 높은 비용으로 일반 텔레비전용 광고에 투자하는 대신, 디지털 텔레비전 광고에 투자하면 어떤 주제에 대하여 흥미에 따라——핸드볼·코미디·사냥·고전 음악 등——목표의 1백 퍼센트에 도달할 수도 있다는 사실을 깨닫게 해야 합니다.

FORESEEN: 당신은 프로그램의 미래를 직접적인 참여와 연출로 인한 스펙터클한 인터랙티비티의 측면으로 보십니까? 혹은 한 개인에게 있어서 보다 많은 정보와 즐거움을 찾기 위한 멀티커넥션의 잠재력으로 보십니까?

피에르 레퀴르: 마르크 올리비에 포지엘은 Canal+의 텔레플러스라는 프로그램에서, 프랑스 전역에서 2백50개의 영상 전화기를 사용하여 시청자들이 그와 함께 프로그램에 대해 서로 질문하고, 비평하는 것을 방영하였습니다. 또한 미셸 피엘에 의해 시작되고, 현재는 필리프 질다에 의해 진행되는 그랑 포럼이란 프로그램에서 시청자들은 팩스를 보내고, 질문을 할 수 있습니다. 이런 것들을 볼 때, 텔레비전이 시민 차원의 인터랙티비티를 제공한다면, TV는 동시에 우리와 매우 인접해 있다고 볼 수 있습니다.

내가 생각하는 스펙터클은 보다 세련됨으로써 더 강력해집니다. 사회자들은 시청자에 대해서 더 많이 알게 되고, 따라서 그가 맡은 프로그램을 보다 세련되고, 보다 심층적이고, 보다 일관되게 만들 수가 있습니다. 그는 그가 다루게 될 주제에 대해 보다 정확하게 만들 더 많은 시간을 가지게 되고, '온라인'으로 실시간에서 직접적으로 자신의 의견을 표현하는 시청자들의 의견에 대해 반응할 수 있습니다. 이것이 바로 쟁점이 되고 있는 주제들에 대해 다루는 프로그램에 투자해야 하는 이유입니다.

포뮬라원 경기 중계 방송을 예로 들자면, 금요일 저녁부터 주말의 사흘 동안 시험 경기와 인터뷰, 경기장 트랙이나 대기 장소에 설치된 7개의 카메라들을 포괄한 프로그램 제작에 참여하기 위해 50-80프랑을 지불할 준비가 되어 있는 열광 팬들이 많이 있습니다. 그것은 정말 참신하고 독점적인 프로그램이었고, 영상의 다양함과 강한 감동으로 전례 없는 성공을 거두었습니다.

내가 생각하기에 적당한 주제가 마련되어 있고, 아울러 사회자의 카리스마가 그것을 가능케 한다면, 우리는 스펙터클한 인터랙티비티와 함께 개인의 사적인 동기 유발과 호기심을 통한 개인적인 상호 접속이 생겨날 것으로 봅니다.

FORESEEN: 새로운 테크놀로지는 따라서 창조적인 표현을 위한 새로운 수단이며, 텔레비전 시청자들과의 새로운 관계를 제공해 주는 것입니까?

피에르 레퀴르: 전적으로 그렇습니다. 스포츠 기자들은 그들의 해설 방법을 다시 개발해야만 했습니다. 포뮬라원 경기를 예로 들면 7개의 경로로 방영되는 경주를 해설하자면 보다 활기찬 주해를 덧붙여야 하고, 선두 그룹 가운데 어떤 카메라에서, 혹은 대기 장소에서 어떤 볼만한 장면이 일어나고 있는지를 알려주기 위해 시청자들을 잘 안내할 줄 알아야 합니다. 혹은 통계 자료를 보기 위해 8번 키오스크로 이동하도록 시청자를 부추기든지, 혹은 경기자들간의 차이점을 지적해 주어야 합니다. 따라서 해설의 어법 또한 변화하였습니다.

기자는 정보와 영상의 대량화에 대한 안내자가 되었습니다. 해설은 보다 역동적이 되었는데, 왜냐하면 그것은 많은 행동들을 표현하는 것이기 때문입니다. 그것은 완전한 편재성이며, 보는 자이자 동시에 주역인 시청자들은 진정코 프로그램의 중심에 위치하게 되었습니다.

축구 경기에서 나는 지금 진행중인 경기를 볼 수 있을 뿐만 아니라, 하루 종일 챔피언 결정 경기를 관람할 수도 있습니다. 오늘의 챔피언 결정전의 볼거리에 대해 가치를 부여하는 것은 바로 해설 기자의 몫입니다.

방송을 만드는 데 쓰이는 모든 일차적인 소재는 새로운 기술력에 힘입어 사용될 수도 있고, 저장될 수도 있습니다. 텔레비전의 한 장면을 클릭함으로써 우리는 항구적으로 소개된 보충적인 정보들을 찾을 수 있습니다. 그것은 우리가 Canal Satellite의 가입자들을 위해 보다 발전시킬 부분입니다.

FORESEEN: 프로그램 제작자, 정보처리 사업자, 텔레콤 사업자들 중 이러한 새로운 시장을 이끌어 갈 주역은 누가 될 것 같습니까?

피에르 레퀴르: 이 세 가지 분야의 접근은 매우 상이합니다. 우리는 텔레비전으로부터 출발하였고, 텔레비전을 풍성하게 하기 위해, 그리고 그러한 소비 방식을 진보시키기 위해 우리가 만들어 내고자 하는 것에 부응하는 테크놀로지를 발명하였습니다. 1백20명의 Canal의 엔지니어들이 프로그램과 마케팅의 수용에 귀기울이는 미디어하이웨이와 미디어가드의 테크놀로지가 바로 그러한 것입니다. 이러한 목표에 부응하는 것은 바로 테크놀로지의 개발을 위해 일하는 모든 멀티미디어 관련 사람들입니다.

정보처리 산업의 기업주들은 다른 전망으로부터 시작하였는데, 즉 오퍼레이팅 시스템과 풍요로운 정보처리가 그것입니다. 컴퓨터 산업에서 혁신의 사이클은 매우 짧고, 텔레비전에 있어서 기술적인 진보는 일반적으로 10년으로, 매우 느립니다.

컴퓨터 산업의 대기업들은 막대한 투자에 대한 힘을 갖고 있고, 이 시장에서 큰 잠재성을 가집니다. 우리는 텔레비전으로부터 시작하여 이 시장을 예견하였습니다.

누가 주역이 될 것인가? 그것을 알 수는 없습니다. 하지만 모두 승자가 될 것임은 확실합니다. 왜냐하면 모두가 상호적으로 서로를 발전시킬 것이기 때문입니다. 텔레비전은 이미 웹상에서 찾을 수 있는 나뭇가지 모양의 얽히고 설킨 정보 탐색을 이용하고 있습니다.

텔레비전의 이점은 그것이 '킬러 애플리케이션' 이라는 점입니다. 그것은 이미 도처에 존재하고 있습니다.

FORESEEN: 텔레비전에 나오는 브랜드들은 그들이 가지는 소비자들과의 근접성에 의해 출입문의 열쇠를 쥐게 되는 것입니까?

피에르 레퀴르: 전적으로 그렇습니다. 게다가 우리가 제안하는 인간공학은 간단하고, 적용 방법이 쉽습니다. 내가 가진 리모컨의 단추 5개로 텔레비전 위에서 믿을 수 없는 일들을 실행할 수 있습니다. TV는 '사용자에게 친근한' 입구인 것입니다.

FORESEEN: 인터넷 TV가 가지는 차별성은 무엇입니까? 인터랙티브 텔레비전은 일반 텔레비전의 종말을 의미하나요? 수동적인 시청자들에게 있어서는 그것이 가지는 위상은 어떤 것일까요?

피에르 레퀴르: 오늘날의 인터넷은 정보를 찾는 매우 다른 방식입니다. 즉 정보를 찾으려고 원해서 가야만 하는 것이죠. 디지털 TV는 이러한 점에서 매우 특이성을 가지는데, 그것은 내가 선택하는 바대로 나를 안내해 줍니다. 나는 TV를 보고, 정보를 얻습니다. 이미 텔레비전의 수동적인 측면과 새로운 테크놀로지의 능동적인 측면을 잘 작동시켜서 길을 만든 프로그램 제작자들도 있습니다.

FORESEEN: 텔레비전의 브랜드들이 풍요로운 정보를 가진 상호 작용적 세상에 어떤 것을 가져다 줄까요? 또한 그 정보들의 진실성에 대한 보장도 없지 않습니까?

　피에르 레퀴르: 브랜드는 하나의 철학입니다. Canal+라는 브랜드는 이미 14년 전부터 형성되어 온 일정한 가치를 보유하고 있습니다. 독점성·품질과, 우리가 가입자들을 위해 탐구해야 할 것과 그들에 대한 배려 등이 바로 그것입니다. 문지기가 되기 위해서는 이러한 힘과 자질을 갖추어야 합니다. 경쟁적인 환경 속에서 누군가가 Canal Satellite를 선택했다면, 그는 그가 어디로 가고 있으며, 우리가 그에게 판매할 것이 무엇이며, 그에게 더 나은 것을 소개하기 위해 더 많은 것을 탐색할 것이라는 것을 알고 있습니다. 우리에게 있어서 존경은 계약에 대한 존경입니다. 우리가 독점권을 판매한다면, 우리는 아무거나 제안하지는 않습니다. 우리는 가장 인기 있는 스포츠나 영화를 보여 주기 위해 노력합니다.

　Canal+의 계약에 대한 존경은 또한 '플러스'를 주는 것입니다. 매년 우리 협력자들은 프랑스의 12개 도시의 가입자들을 만나기 위해 지방으로 내려갑니다. 그들의 말을 듣고, 숙고하기 위함이죠. 언제나 우리는 유럽에 있는 우리의 1천만에 달하는 가입자들을 위해 의미 있는 프로그램과 서비스를 제안하고, 적용합니다. 브랜드와 가입자 사이에는 진정한 관계가 존재합니다.

　인터넷상에서는 나 자신이 세상과 대면해 있고, 나는 여행자입니다. '문 지키기'에 의해서, 텔레비전 브랜드는 매우 개방적이 되어야 하는 동시에 아무거나 하는 것은 삼가야 합니다. 이것이 바로 내가 여러분을 위해 선택한 것이고, 그것의 확장은 무제한적입니다.

　나는 여러분을 위해 영화를 선택했고, 그 영화를 열 가지 다른 방식으로 다루고 있습니다. 즉 Canal+, 시네 시네마, 시네 시네필, 영화 한 편당 내는 관람료 시스템, 코미디, 서스펜스 영화 등이 있습니다. 방송사의 이름은 강력해야 하고, 내용은 일관성 있어야 하며, 전달하는 바는 명확하고 간단해야 합니다. 이것이 바로 Canal Satellite와 함께 자신을 표현하는 Canal+의 가치입니다.

FORESEEN: 디지털 TV의 도래로 기업 내에 생겨난 변화들은 어떤 것이 있을까요?

피에르 레퀴르: Canal Satellite와 함께 사고 방식이 많이 변화하였습니다. 왜냐하면 우리는 다른 디지털 전파들과 직접적인 경쟁을 해야 하기 때문이죠. '디지털 세상의 강자'가 되기 위해서는 보다 많이 일하고, 보다 많이 보여 주며, 가장 최고의 것을 보여 주고, 더 많은 것을 알려 주고, 보다 지능적으로 정보를 파헤치고, 텔레플러스를 보다 풍부한 방식으로 보여 주고, 더 많이 함께 하기 위해 안내하는 역할을 수행해야 합니다.

FORESEEN: 이러한 진보에 대응하기 위해 어떤 조직이 필요할까요?

피에르 레퀴르: 네트워크상에서 전반적으로 작용하는 조직이 필요합니다. 우선적으로 프로그램이나 부서를 만드는 것으로, 그것은 혁신적인 아이디어입니다. 다음으로, 연구를 위한 부서는 프로그램과 고객·엔지니어들과 상호 대면의 관계를 가집니다. 우리는 우리 가입자들이 어떤 방식으로 소비하는지를 관찰하는 데에 많은 시간을 보내고, 우리의 공급이 잘 이해되었는지, 또한 인간공학이 잘 적용되었는지, 혹은 그것을 바꿔야 할지를 관찰하

는 데에 많은 시간을 투자하고 있습니다. 우리는 우리의 공급이 단순하고, 유동적이며, 우리가 새로운 아이디어를 가져오고 있는 지에 대한 확신을 가지기 위해서 끊임없는 진보 속에 있어야 합니다. 사람들은 매우 다양한 집단에 속해 있고, 그들간의 아이디어와 토론은 끊이질 않습니다. 우리는 항상 새로운 제안들을 위해 노력하고 있습니다.

보편통합성이 기능하기 위해서는 기획에 관련된 책임자들이 속한 상이한 직종들의 모임 내에서 최상의 커뮤니케이션이 필요합니다.

FORESEEN: 인터랙티비티와 텔레비전 관련 직종을 가지고자 하는 젊은이들에게 당신은 어떤 조언을 해주고 싶습니까? 그들은 어떤 자질을 갖추고 있어야 할까요?

피에르 레퀴르: 우리 모두는 텔레비전에 대해 전문가들입니다. 우리는 TV를 만들고, 함께 관찰하며, 우리가 원하는 것이 무엇인지를 알고 있습니다. 이 직종에서 성공하기 위한 정확한 전공 분야는 없습니다. 다만 필요한 자질은 호기심과 개방적인 정신, 그리고 오늘날과 미래에 사람들이 보고 싶어하는 것이 무엇인지에 대한 비전을 가지는 것입니다. 또한 우선적으로 텔레비전에 대한, 모든 TV에 대한 진정한 교양이 필요하고, 아울러 주변 환경에 대한, 테크놀로지와 마케팅·고객 존중에 대한 이해가 있어야 합니다. 각자는 자신이 프로그램을 영구적으로 개혁하고 개선하기 위해 가져올 수 있는 것들에 대한 상상력과 분석의 감각을 가져야 합니다.

오늘날 텔레비전은 많은 직종과 특별한 노하우, 컴퓨터를 이용한 프로그램 등으로 대표됩니다. 하지만 Canal+에서 특히 유넘해야 할 것은 자유로운 정신과 우리가 하는 일에 대한 애정, 새로운 일을 하는 것에 대한 절대적인 열정, 그리고 특히 가입자에 대한 존경심을 가져야 하는 것입니다.

5

마리 클로드 페라슈

France Télécom 커뮤니케이션 국장

FORESEEN: 당신은 인터랙티비티를 어떻게 정의하고 계십니까?

마리 클로드 페라슈: 인터랙티비티는 새로운 테크놀로지에 힘입어 한 개인을 다른 사람들과의 관계 속에 있게 하는 모든 새로운 가능성을 말합니다. 이러한 관계의 확립은 데이터 뱅크의 총체에 의해서나, 혹은 기계에 의해 직접 또는 간접적으로 구성된 다른 사람들에 의해서 이루어집니다.

사실상 인터랙티비티는 넓고 다양한 범위의 관계를 가능하게 해주는 새로운 수단인 것이죠. 이러한 관계는 상이한 컨텍스트에 속한 사람들이나 정보와의 관계를 말하며, 매우 즉각적이고 또한 세계적인 규모를 가진다는 것이 특징입니다.

FORESEEN: 당신은 인터랙티비티 활동 분야의 선구자적 회사인 프랑스 텔레콤의 커뮤니케이션 부서를 책임지고 계십니다. 이 분야에 있어서 프랑스 텔레콤에 의해 공급되는 활동은 어떤 것이 있나요?

마리 클로드 페라슈: 프랑스 텔레콤은 커뮤니케이션 회사이

고, 프랑스 텔레콤의 새로운 테크놀로지는 우리가 고객에게 공급하는 범위를 확장해 줍니다. 기업 사회에서 우리는 국제적 차원의 전반적 인트라넷을 개발한 초기 조작자들 중 하나였습니다. 대중을 위해서 우리는 와나두를 개발했는데, 그것은 인터넷 정보와 전자 서비스로의 접속 통로입니다. 미니텔넷과 함께 전자 우편으로의 접속은 컴퓨터 없이도 간단하게 인터넷의 전자 우편으로 접속할 수 있게 되었습니다.

우리는 또한 멀티미디어 분야에서도 개발을 계속하고 있고, 물론 우리 회사 내의 인트라넷도 구축하고 있습니다.

FORESEEN: 새로운 테크놀로지의 흥미를 끄는 고객은 어떤 유형인가요?

마리 클로드 페라슈: 모든 사람들입니다.

물론 우리의 첫번째 고객은 그들의 커뮤니케이션 비용을 최적화하거나, 혹은 그들의 공급을 개선하기 위해 이 새로운 도구들에 관심을 가지는 기업들이었습니다.

오늘날 많은 전문 직업인들과 중소기업들은 우리와 함께 전자 우편과 파일 전송, 네트워크상의 업무가 가져오는 새로운 해결점들을 탐험하고 있습니다.

그리고 마침내 대중들도 이러한 새로운 분야에 강하게 진입하고 있습니다.

오늘날 이러한 새로운 관계 형성은 모든 사람들과 연관이 있습니다.

FORESEEN: 새로운 테크놀로지에서 획득한 노하우로는 어떤 것이 있습니까?

마리 클로드 페라슈: 콘텐츠를 개발하는 다원적 능력, 플랫폼, HTML, 기업들에게 공급하기 위한 새로운 서비스들이 있습니다.

미니텔에 힘입어 우리는 새로운 활동 분야로 전이시킬 능력을 획득하였습니다. 즉 신속한 접속, 서비스의 안내자 제공, 콘텐츠에 대한 경험과 탐색 엔진이 그것입니다.

인터넷 차원에서 우리는 매일매일 새로운 내용으로 풍성한 세상 속으로의 출입문을 언제나 보유하고 있습니다.

FORESEEN: 예를 들어 와나두 같은 새로운 상품을 선보이기 위해 어떤 방식으로 시장을 개척하십니까?

마리 클로드 페라슈: 우리는 접속의 간편성을 특권으로 누립니다. 사용법이 쉬워야 하고, 안내자가 있어야 하며, 새로운 테크놀로지의 실행에 있어서 고객과 동반해야 합니다.

미니텔의 경험은 우리에게 접속의 간편성이라는 경험과 함께 이 새로운 분야에로의 도달을 가능하게 해주었습니다.

오늘날 제공된 가능성의 대량성에 직면하여 대중들은 다소 길을 잃은 상태이고, 많은 의문점을 갖고 있습니다. 우리는 따라서 고객들을 기계의 사용법에 있어서 뿐만 아니라, 그들에게 핫라인에 의한 설명과 정보 제공에 있어서 보충적인 서비스를 해줄 수 있어야 합니다.

FORESEEN: 귀사의 경험으로 보아 인터랙티브 혁명을 어떻게 예상하고 계십니까?

마리 클로드 페라슈: 인트라넷은 기업들의 정보 시스템 조직

내에서 심층적인 개혁을 예견해 줍니다.

오늘날 샐러리맨이나 경영주에게 있어서 정보의 조직은 단계적인 것이고, 그것은 그것 자체로 다시 베껴지거나 재작업되어 팀들에 유포될 수 있습니다. 기업 신문 이외의 활자화된 정보는 없을 것이며, 그것은 아무런 계급상의 개입 없이 아무 때나 집단 내에서 소통될 수 있습니다. 계급적인 조직은 단순히 정보의 이전에 의해 정립되었습니다.

인트라넷과 함께 샐러리맨 전체는 정보에 대한 직접적인 통로를 보유하고 있고, 경영은 더 이상 정보의 전파에 기초하지 않습니다. 그것은 다른 기준들에 의해 정당화되어야 할 것입니다.

FORESEEN: 그것은 권력의 이전인가요? 이러한 이전은 쉽게 이루어질까요? 또한 기업 내에서 새로운 권력은 어디에 집중될까요?

마리 클로드 페라슈: 그렇습니다. 그것은 권력의 이전이고, 그것에 대한 상이한 반응들을 우리는 보게 될 것입니다.

어떤 사람들은 그들의 분야를 보호하기 위해 암호라는 기술적인 수단으로 정보를 개방하지 않을 것입니다. 반대로 다른 한편의 사람들은 정보의 나눔을 발전이라는 관점하에 경영권과 권력을 다른 방식으로 행사하게 될 것입니다. 계획을 위해 팀을 구성하고, 그것에 활기를 불어넣고, 정보 이전에 대해 그들의 권력을 다지기보다는 의미를 부여하는 식으로 말입니다.

자연스럽게 이루어져야 하는 것은 인터랙티비티의 도래와 함께 필요 불가결한 것이 될 것입니다.

하지만 그것은 보다 멀리 나아갈 것인데, 왜냐하면 그것 또한 모든 면에서 정보와 함께 순환되는 것이기 때문입니다.

오늘날 전자 우편과 함께 우리는 한 직원이 상사에게 전자 우편으로 메시지를 보내기 때문에 그가 펜과 종이를 사용하지 않을 것임을 알고 있습니다.

이러한 현실은 계급적인 경계를 허물고 있습니다. 전자 우편에 의한 메시지는 공식적인 메시지로 취급되지 않습니다. 전자 우편은 기업 내의 커뮤니케이션의 터부를 부수고 있습니다. 이것은 새로이 자리잡고 있고, 업무 과정을 가속화시키는 새로운 커뮤니케이션 형태입니다. 인터랙티비티는 일하는 방식을 뒤흔들어 놓고, 기존의 권력에 의문을 제기하며, 권력의 기초를 이룬 자들에 대한 의문을 제기하고 있습니다.

사실 이러한 권력의 진화는 오늘날 우리가 직원 한 사람이 행동 그 자체에보다 행동의 의미에 대한 연구에 더 중점을 두는 기업 문화에서 볼 수 있는 것과 일치합니다.

인터랙티비티는 분명 사회 조직에 혼란을 줄 것입니다. 하지만 특히 그것이 가진 융통성은 의사 결정을 가속화시키고, 현재 그것이 갖고 있는 차원과는 전혀 다른 것이 될 것입니다. 우리는 의사 결정의 사이클이 많이 단축되는 것을 볼 수 있을 것입니다. 하지만 그것은 변화에 가장 덜 개방적인 사고 방식을 가진 사람들에게 있어서 처음에는 다소 귀찮은 혼돈 상태가 될 것입니다.

FORESEEN: 작업에 관한 것과 작업 방식에 관해 예고된 대변혁은 기업 내의 사회적인 발전으로 볼 수 있습니까?

마리 클로드 페라슈: '진보'라는 단어를 이해하기란 언제나 어려운 일입니다. 우리가 '변화'라는 말을 할 때면, 사람들은 거기에서 즉각적으로 긍정적인 측면을 느끼지 못합니다. 이것은 더 일을 잘하도록 하는 작용을 하고, 왜냐하면 정보는 모든 사

람들에게 허용되기 때문입니다. 그것이 오히려 진보라 할 수 있는 것이죠. 하지만 과다한 정보 또한 문제를 야기할 수 있다고 봅니다. 결론적으로 보자면, 정보를 누가 관리할 것이며, 개인에게 주어지는 정보는 어떤 유형이 될 것이며, 정보의 원천이 어디에 있을 것인가가 문제입니다.

실시간의 답변은 각 개인이 보다 책임감이 있어야 함을 내포하고 있습니다. 정보에로의 접속은 바로 개인의 몫이고, 그것을 관리하거나 하지 않거나, 혹은 직접 교류하거나 하는 것은 그의 선택에 달렸습니다. 그는 완벽한 자율권을 가졌고, 간혹 자신의 일 속에서 책임감을 느낄 수 있다 하더라도, 그것은 개인의 책임에 있어서는 진보인 것입니다.

FORESEEN: 인터랙티비티와 함께 우리는 '시간 절약'이라는 용어로 진보를 말합니다. 이러한 관점에서 사고를 위한 시간은 어떻게 변화할까요?

마리 클로드 페라슈: 시간 절약은 현실입니다. 아침에 나는 전자 우편으로 도착한 메시지를 읽고 10명, 혹은 더 많은 사람에게 즉각적으로 답신을 보냅니다. 각자는 각각 다른 방식으로 자기 업무의 스타일을 조직하기 시작하는데, 그것은 신속하게 반응하도록 해주는 매우 현저한 진보입니다. 하지만 실제적으로 그것이 보다 잘 조직된 사고를 배제하고 행동의 신속성만을 조장할 수도 있습니다.

즉시 반응함으로써 시간을 벌 줄 알아야 하지만, 또한 생각하기 위해 시간에서 해방될 줄도 알아야 합니다.

FORESEEN: 미래의 일에 있어서 인터랙티비티는 어떤 위치를 차지하게 될까요?

　마리 클로드 페라슈: 우리는 새로운 세계로 들어서고 있습니다. 미래에 우리는 새로운 테크놀로지와 더불어 모든 것을 할 수 있을 것입니다. 체험된 경험으로 미루어 보아, 우리는 전자 우편을 시작하였고, 뒤이어 파일의 전송이 가능해졌고, 다음으로는 네트워크상에 있게 되었습니다. 이 파일들은 그것을 당신에게 보낸 네트워크상의 다른 사람들에 의해 변화됩니다. 따라서 우리는 이미 완전히 업무 시스템을 공유하고 있는 셈입니다. 바로 이 시점에서 우리는 우리가 팀으로 일하는 방식과 우리가 어떤 팀에 속에 있는지에 대해 다시 생각하기 시작하고 있습니다. 바로 이런 식으로 우리는 종전의 피라미드식 조직에 반하여 통합적인 업무 조직을 향해 들어가기 시작하고 있습니다. 여기에 바로 큰 변혁이 있는 것입니다. 우리는 다루어야 할 주제에 따라 기업 내에서 각각 다른 팀들과 함께 영구적이지 않은 방식으로 일을 해나가는 방식을 배우게 될 것입니다. 이러한 역동성은 미래에 업무 조직의 힘과 원천이 될 것입니다.

　우리는 또한 네트워크에 의해 회사 외부의 그룹에 대한 지원도 받게 될 것입니다. 어떤 계획을 위해 당신은 그 계획에 협력하기 적합한 사람들을 내부와 외부에서 찾아내게 될 것이고, 그러한 네트워크가 이미 구축되어 있습니다.

　FORESEEN: 인간 존재는 그가 사용하는 기계의 뒷전에 밀려나는 형벌에 처하게 될까요? 이러한 새로운 세계 속에서 인간의 위치는 어디가 될까요?

　마리 클로드 페라슈: 기계가 음성을 대체하지는 못할 것입니

다. 생생한 음성 교환의 필요성은 언제나 기계적 교류의 한편에 존재할 것입니다. 더구나 이러한 인터랙티브 기계는 곧 화상 전화와 음성 교환을 가능하게 할 것인데, 하지만 역시 글로 쓰는 것보다는 음성 메시지를 남기는 것이 더 간편할 것입니다.

모든 것은 역량과 기계의 인간공학적 측면에서 진보할 것입니다. 하지만 음성은 교류에 있어서 가장 기본적인 연결 수단의 하나가 될 것입니다.

또한 우리는 인터랙티비티 기계를 이용한 교류가 비현실적인 것이 되어서는 안 된다고 생각합니다. 그것을 위해서 우리는 와나두의 광고에서 인터넷에서도 감정은 흐르고, 이 새로운 테크놀로지의 수단이 합리적인 사용에만 국한되는 것이 아니라 다른 형태의 교류, 특히 인간 관계에 관한 것에 모든 자리를 내줄 수 있다는 것을 보여 주었습니다.

우리의 연구는 이 새로운 테크놀로지의 수단이 우리를 다소 두렵게 한다는 것을 보여 주었습니다. 사람들은 사람과 기계의 관계에 대한 부정적인 측면에 대해 걱정을 하고 있습니다. 하지만 약간의 영리함으로 우리는 이 새로운 도구를 분별 있게 사용할 수 있을 것입니다. 인간이 그의 기계를 사용하는 방법에 따라 그의 고유한 인간성도 전파될 것입니다.

FORESEEN: 이러한 새로운 테크놀로지는 교육에 있어서 어떠한 위치를 차지해야 할까요?

마리 클로드 페라슈: 그것은 국가 교육의 책임입니다. 하지만 아이들이 그들의 직업 생활이나 개인 생활을 풍요롭게 하는 데 도움을 줄 수 있는 방법이나 수단이 되지 못하는 것들에 의지하여 교육이 이루어지고 있음을 보는 것은 매우 비통한 일입니다.

우리 아이들——큰아이들은 22세와 20세이고, 막내는 15세입니다——사이에도 거의 한 세대의 기술적인 세대 차이가 있습니다. 큰아이들은 그 도구들을 사용할 수는 있으나 막내에 비한다면 그리 익숙지는 못합니다. 막내는 커뮤니케이션의 세상에서 태어났고, 오늘날 그런 도구들을 거의 선천적인 방식으로 다룹니다. 그 애한테 있어서 인터넷을 항해하는 것은 너무나 자연스러운 일이고, 친구들과 인터랙티브 게임을 하거나 세상의 다른 끝에서 열리는 토론에 참여하는 것 또한 너무나 당연한 일입니다.

그가 인터넷에서 겪는 일들과 학교에서 그에게 가르치는 것들 간에 너무나도 큰 분열이 일어나므로, 그것은 거의 정신분열증에 가까운 일이라 볼 수 있습니다. 그것은 서로에 대해 무지한 두 세상인 것입니다. 학교는 학생들이 있는 그대로의 세상에 대해 준비하게 해주지 않습니다.

만약 학교가 빠르게 변화하지 않는다면, 우리는 당황하는 샐러리맨들을 맞이하게 될 것입니다. 왜냐하면 우리가 새로운 직업의 세계에 맞게 그들을 교육하지 않았기 때문이죠. 최근에 있었던 선언은 뭔가가 변화할 것이라는 희망을 주고 있습니다.

FORESEEN: 전자 상거래는 어떻습니까?

마리 클로드 페라슈: 네트워크상의 구매에 있어서 새로운 테크놀로지가 가져올 간편성과 편리성은 전자 상거래에 있어서 거대한 미래가 도래할 것이라는 것을 생각하게 합니다.

FORESEEN: 인터랙티비티가 진정한 상호 관계적 혁명을 창출한다면, 전화가 처음 발명되었을 그 당시에 그랬던 것처럼, 그것이 보다 큰 인간적 인터랙티비티의 필요와 새로운 상호 관계적 실천을 조장할 것이라고 보십니까?

마리 클로드 페라슈: 당연히 그렇습니다. 각 개인은 미리 정해 두지 않은 어떤 관심 있는 주제에 대하여 세계적인 차원으로 즉각적인 관계를 형성하면서, 한번도 접촉한 적이 없는 사람들과의 접속 상태로 들어갑니다. 이것은 완전히 새로운 관계망의 형성이고, 그것은 어떤 때는 일시적으로 끝나고, 어떤 때는 보다 지속되기도 합니다. 이것은 관계 형성의 방식에 있어서 진정한 변화인 것입니다.

하지만 물리적인 의미에서 충분히 익명성을 가진 이 시스템을 통한 관계 형성이 개인들간의 인접성을 완전히 변화시킨다고 생각지는 않습니다. 또한 그것이 인간 존재를 변화시킬 거라고도 생각지 않습니다.

FORESEEN: 그렇다면 진짜 변화는 어디에서 올 것이라고 생각하십니까?

마리 클로드 페라슈: 변화는 일에서 일어날 것입니다. 즉 변화가 중대한 의미를 지닐 일의 내용과 조직에 있어서입니다. 커뮤니케이션과 같은 일부 직종에서, 거의 모든 각각의 고객이 자신의 의견을 말할 수 있는 세분화의 가능성은 마케팅과 커뮤니케이션의 방식에 혁신을 가져올 것입니다.

그것은 또한 도시 생활을 변화시킬 것입니다. 만약 우리가 어떤 의사 결정이나 토론 포럼에서 주어진 시간에 거의 모든 시민 개개인과 관계를 형성할 수 있다면, 그것은 분명 참여에 의해서건 혹은 시민의 책임 의무에 의해서건 도시 생활을 변화시키게 될 것입니다. 시민은 더 이상 다른 사람에 의해 결정된 수단들의 단순한 소비자가 아니라 그 자신이 주역이 될 것입니다.

　개인 차원에서의 주요 변화는, 요즘의 젊은이들이 자연스럽게 하듯이 모르는 사람들과 한 주제에 대해서 전세계적인 접속 공간으로 들어가게 되는 가능성과 관련되어 있습니다. 또한 그것은 분명 다가올 세대가 가질 세계적 문화에 충격을 가져올 것입니다.

6

앙드레 상티니

이시레물리노[34] 시장 겸 국회의원

FORESEEN: 당신이 당신의 지역에서 이룬 업적에 대해서 말씀해 주실 수 있겠습니까?

앙드레 상티니: 지역 정보화 계획이 1996년 1월에 도입되었습니다. 그 계획의 목적은 공유 지역에 새로운 테크놀로지의 개발을 구체적으로 동반하는 것이었습니다. 우리는 이미 사용되거나 혹은 발전시켜야 할 기술들을 상기시키기보다, 특히 드러나고 있는 본질적인 몇몇 문제점들에 대한 답을 구하기를 원했습니다.

1996년 5월에 설치된 인터넷 사이트(www.issy.com)는 우선 커뮤니케이션과 지역 활성화를 위한 도구가 되었습니다. 이시 지방의 인터넷 검색자들은 각각 어떤 모임에 가담하도록 초대되어, 거기에서 그가 필요한 실제적인 정보를 얻고, 지역 행사에 대해 소식을 들으며, 자신의 이력서 사본을 제출할 수도 있고, 주민등록등본과 같은 행정 절차를 신청할 수도 있습니다.

우리의 역할은 시민들이 이러한 새로운 커뮤니케이션 테크놀로지를 사용하도록 민감하게 만드는 것이고, 또한 모든 사람들이 그것과 쉽게 접촉할 수 있도록 만드는 일입니다. 따라서 우리는 1995년 이후로 미디어테크에 가면 인터넷에 접속할 수 있게 되었습니다. 우리는 16세에서 25세 청소년들을 위한 '사이버 셀프'를 젊은이들의 공간에, 그리고 보다 나이든 사람들을 위한 '사이버 카페'(하루에 2백50명 이상이 들름)를 설치함으로써 이 서비스를 보다 확장하였습니다. 이 사이버 카페에서 사람들은 이러한 새로운 도구에 대해 배워 나갑니다. 이렇게 우리는 세대들간의 접속의 평등성을 보장해 주고 있습니다. 그것은 매우 중요한 일입니다. 왜냐하면 우리는 매우 새로운 시대에 살고 있고, 그 속에서 어린이들은 기술적으로 그들의 부모들보다 훨씬 빨리 발전해 가고 있기 때문이며, 우리가 빠른 속도로 배제되고 있다는 생각이 팽배하기 때문입니다.

우리는 또한 집에 개인용 컴퓨터를 가지고 있는 '사이버 보유자'들과 도구를 갖추지 못한 사람들간에 새로운 교육적 불평등이 나타나는 것을 피하기 위해 행동하고자 하였습니다. 또한 우리는 우리 시의 유치원과 초등학교에서 CD-ROM을 학습에 도입하면서 멀티미디어 컴퓨터를 대량 설치할 것을 결정하였습니다. 뒤이어 1997년 '인터넷의 날' 행사를 계기로 10개 초등학교 중 6개에 인터넷 접속을 가능하게 하였고, 그것은 우리 지역에 자리잡은 국립 텔레커뮤니케이션 연구소[35]와의 합작으로 이루어졌습니다.

마지막으로, 내가 특히 신경쓰고 있는 근접성과 참여의 개념을 강화하기 위하여, 나는 시의회 개회 기간 내에 인터랙티비티의 도입을 희망하였습니다. 1997년 1월 이후로 우리의 토론은 직접적으로 케이블 망을 따라 전송되었고, 5천여 가정의 가입자(이시 가정의 1/4에 해당)들은 텔레비전이나 미니텔, 혹은 인터넷을 통해 우리에게 메시지를 보내거나 질문을 할 수 있게 되었습니다. 개회 기간이 끝난 시기에는 대중들의 의사 표현을 허락하는 것이 의무시되고, 따라서 다수당의 의원들은 반대당 의원

들과 마찬가지로 어떤 사안에 대해서 각별히 명료한 답변을 준
비해야 합니다.

FORESEEN: 당신의 이러한 진취적 의도의 근본은 무엇입니까?

앙드레 상티니: 국회의원은 단순한 관리자이기만 한 것은 아
닙니다. 그는 미래에 대한 어떤 비전을 갖고 있어야 하고, 전망
을 내다볼 줄 알아야 하며, 사물의 진화에 대해 예견할 줄 알아
야 합니다. 그의 임무는 시민들의 일상 생활이 개선되도록 공헌
하는 것이고, 새로운 테크놀로지는 이러한 관점에서 볼 때 중요
한 분야를 이룹니다.

이곳 이시레물리노에도 시민 서비스 분야에 있어서 혁신적 문
화가 시작되고 있습니다. 예를 들어 나는 우리 부서 직원들에게
시장에 나타나고 있는 혁신적인 실제 적용들에 대해 체계적으로
연구하라고 요구합니다. 따라서 우리는 10년 전부터 초록 번호
로 시장에게 전화할 수 있고, 혹은 학생 각자가 마이크로프로세
서가 내장된 카드로 점심 식사나 여가 활동을 예약할 수 있게
해주는 등, 이러한 정책의 연속선상에 있는 것입니다.

게다가 혁신은 단지 기술적인 것만은 아닙니다. 1994년에 개
원한 우리 미디어테크는 모든 매체(문서·오디오·비디오·컴퓨
터)에 대한 15만이 넘는 자료들을 제공하고 있습니다. 하지만
가장 큰 혁신은 일요일을 포함하여 6일 동안 45시간을 개방한
다는 데 있었습니다. 그것은 바로 사회의 진보에 대한 우리 시
의 답변입니다.

FORESEEN: 커뮤니케이션의 새로운 테크놀로지에 관한 개인적
인 어떠한 것도 선험적으로 가지고 있지 않은 상태에서 어떻게 그러

한 결정을 내릴 수가 있었습니까?

앙드레 상티니: 역사를 귀납적으로 다시 쓰는 것과, 어떤 주어진 문제에 대해 처음에 실용주의적인 답변——촌스럽다고 말하지 않기 위해——이었던 것을 이론의 열로 끌어올리는 것은 언제나 그리 어려운 일은 아닙니다. 이것은 우리가 여기에서 얼마간 경험한 것입니다.

나는 개인적으로 어떠한 이공 계열의 교육도 받지 못했습니다. 나는 법학자이고, 더 심하게는 국제 회계사입니다. 내가 인터넷 항해자로 태어나지 않았다고 말해도 과언은 아닙니다!

반면에 나는 이 나라를 위협하는 부인과 배제의 막다른 길로부터 탈출하기 위하여 현대성의 카드를 거머쥐어야 하며, 오늘날 현대성이란 바로 커뮤니케이션이라는 것을 매우 빨리 이해했습니다. 따라서 나는 이곳 이시에 시립 경찰서보다는 오히려 미디어테크를 설립하기로 한 것입니다. 그렇게 한 것은 개인적으로 무척 다행이었습니다. 왜냐하면 우리 지역의 경범죄 건수가 파리 주변 다른 지역들 중 가장 낮았기 때문입니다.

미디어테크와 이시레물리노 시청의 멀티미디어 방은 1994년에 설립되었습니다. 그것은 우리가 90년대 초반에, 4년이나 먼저 결정을 내렸다는 말이 됩니다. 그때는 인터넷이 실용화되지 않았었습니다.

실상 우리는 앞에서 말한 국립 텔레커뮤니케이션 연구소의 도움으로 이시레물리노 시에 존재하는 새로운 테크놀로지의 형태를 띠는 모든 것을 조사하기 시작하는 것으로 첫발을 내디뎠습니다. 그로부터 우리는 기업들의 모든 기술과학 부서 책임자들에게 그들의 지식과 경험을 나누자고 제안하였습니다. 우리는 우리 시의 기업들과 친밀하고 비공식적인 모임을 결성하였고, 그

중에는 내 초대에 응한 엘리 코앵·티에리 브르통·조엘 드 로스네와 같은 유명한 과학자들도 있었습니다.

이렇게 모든 것이 시작되었습니다. 영리한 이공과 학생들을 불러모아 계획을 세우는 대신, 우리는 우리 지역 기업들의 사정에 대해 질문하였습니다. 그것은 물론 우리 시민들의 필요에 따라 커뮤니케이션의 새로운 테크놀로지를 받아들이고 이해하기 위한 것이었습니다. 결론적으로, 우리는 기술자들과 정책가들을 만나는 데 성공하였습니다.

FORESEEN: 시민들의 반응은 어떠하였습니까? 주요한 단계는 어떤 것이 있었습니까?

앙드레 상티니: 미디어테크는 주당 1만 명이 넘는 방문객들을 맞이하였습니다. 그곳은 진정코 생활의 한 장소가 되었고, 그곳에서 사람들은 가족들끼리 주말을 보내고, 학생들은 수요일 오후를 보냈습니다. 옛날의 먼지나고 조용한 도서관과는 거리가 멀어진 거죠!

우리 쌍방향 시의회가 유선 가입된 가정의 45퍼센트에 의해 주시되고, 대중의 개입 횟수가 1997년 다섯 번의 개회 기간 동안 5천 번에 가까웠으며, 그러한 개입 중에 20퍼센트가 인터넷에 의해 전송된 메시지라면, 그것은 우리가 시의회를 지역 생활의 중심에 위치시켰기 때문에 가능해진 것입니다. 우리의 토론이 시민들의 호기심을 불러일으킨 것은, 그 토론들이 그들의 일상 생활과 그들 주변의 즉각적인 환경 문제들을 상기시켰기 때문이고, 또한 우리가 그들을 지역 생활에 참여하도록 자극을 주고 흥미를 끄는 방법을 알았기 때문입니다.

FORESEEN: 시민들이 그들의 태도를 바꾸었나요? 어떤 면에서 어떻게 바뀌었나요? 가장 놀라운 것은 무엇이었습니까? 가장 인기 있는 것은 무엇이었나요?

앙드레 상티니: 우리는 새로운 테크놀로지의 발전에 동참하기를 바랐지 2020년대식 디지털 도시를 만들려던 것은 아닙니다. 따라서 우리가 겪고 있는 테크놀로지의 혁명이 즉각적인 행동의 변화를 유발한다고는 생각지 않습니다. 우리는 아직 초보적인 단계에 있을 뿐이고, 각자가 자신의 도구에 적응하고, 자신의 일상 생활을 변화시키는 데에는 시간이 필요합니다. 우리의 할 일은 실용주의에 힘입어 기존의 서비스들을 개선하고, 예를 들어 시민들에게 신속하고 어려움 없이 필요한 서류를 직접 관청에 오지 않고서 멀리서도 받을 수 있게 해주는 행정적인 절차를 개발하는 것입니다.

또한 몇몇의 재미있는 기호들을 만나게 되는데, 예를 들어 내게 E-메일을 보내 오는 사람들의 태도에 관한 것입니다. 그들은 전통적인 우편보다 훨씬 빠른 답변을 요구하고, 의례적인 형식 또한 배제하며, 어떤 사람들은 아예 존댓말을 사용하지도 않습니다. 간단히 말해서 그들은 글쓰기를 사용하되, 우리가 그들에게 주었던 지난 몇 년간의 관례주의를 배제하고 있습니다. 그들은 시장에게 직접적으로 질의를 하고, 그럼으로써 그들이 행정 기관에 신청하는 것보다 훨씬 확실하게 문제가 해결될 것이라는 것을 믿습니다. 여기에 흥미로우며 동시에 매우 긍정적인 현상이 생겨나는 것입니다. 왜냐하면 그것은 의원이 시민과 보다 가까워지는 일이기 때문입니다.

다른 예를 들어 봅시다. 인터랙티브 시의회의 개회 기간중 시민석이 과거에 비해 많이 들어찼습니다. 우리는 이시 시민들이 시의회의 작업에 대해 흥미를 재발견했음을 느낍니다. 또한 유선 케이블에 가입하지 않은 사람들 또한 이러한 경험에 동참하고 싶은 욕구를 가지고 있습니다.

보다 구체적으로 말하자면, 시의회에 참여하고 개입하였던 시민들 중 86퍼센트가 그러한 경험을 긍정적으로 받아들였습니다. 우리는 1만 3천 명을 포함하는 유선 가입자 5천 가정 중 45퍼센트의 시청률을 기록하였습니다. 믿을 수 없는 일이 일어났는데, 마치 30년 전에 처음 나온 TV 한 대에 사람들이 몰려들었듯이 여러 가족이 회의를 시청하기 위해 한집에 모인 것이 바로 그것입니다. 그것은 새로운 사회성의 출현이자 재출현입니다.

하지만 이러한 토론의 투명성은 단순히 우리 시민들의 습관이나 행동 방식만을 변화시킨 것은 아닙니다. 시의회의 의원들 또한 변화하여야 했습니다. 그들은 익숙한 그들만의 어휘인 약어들을 전혀 사용할 수가 없었습니다. 왜냐하면 그 말들을 시민들이 이해하지 못할 것이기 때문이죠. 보좌관들은 그들의 문서들을 이해하기 쉽도록 작성하는 데에 어려움을 겪었고, 그것은 민주주의를 위해서는 최고의 것이었습니다. 결국 인터랙티비티는 어떤 방식으로든 참여의 민주주의를 재발견한 것입니다.

FORESEEN: 보편화된 '인터랙티브 혁명'을 믿으십니까? 당신은 인터랙티브 혁명이 근본적으로 다음의 것들을 변화시키리라 생각하십니까?
　——생활 방식.
　——일하고, 생산하고, 거래하는 방식.
　——사회를 관리하는 방식.
만약 그렇다면 어떻게 변화시킬 것이라 생각하십니까? 또한 그것은 민주주의에 있어서도 새로운 시대가 오는 것일까요?

앙드레 상티니: 우리는 무형의 것이 천연자원보다 훨씬 중대성을 가질 정보의 사회를 향해 가고 있습니다. 미국에서 새로운 테크놀로지 산업은 이미 지난 반세기의 대산업이었던 자동차 산업을 능가하였습니다.

총 4백30만 고용 창출과 더불어, 텔레커뮤니케이션 네트워크 분야는 오늘날 미국 경제에 역동성을 부여하는 주요 원동력 중의 하나입니다. 그것은 자동차 산업에 앞서서 미국 산업의 첫번째 고용주이며, 국민 총생산량 중 6퍼센트밖에 차지하지 않지만 미국 무역의 진정한 거물이기도 합니다.

1996년 총 1천5백억 달러(8천6백20억 프랑)에 달하는 전자와 정보처리 하이테크 제품들의 수출액은 폭발적이었습니다. 1990년에 그것은 7백70억밖에 되지 않았었습니다.

1996년에 그 분야는 25만의 고용을 더 창출하였습니다. 그 분야의 연간 평균 임금액(4만 9천 달러, 프랑으로는 28만 프랑)은 다른 봉급자들보다 73퍼센트가 웃돌았습니다.

숙련된 노동자의 부족은 이 분야 기업체들이 직면해 있는 주요 문제점들 중 하나입니다.

미국은 따라서 이러한 새로운 정보 사회의 루비콘 강을 이미 건너고 있는 중입니다. 하지만 그들도 아직은 모든 문제를 해결하기까지는 시간이 걸릴 것입니다.

새로운 테크놀로지에 대해 우리가 가져올 수 있는 유일하게 확실한 것은 대화를 위한 것이든, 시간과 거리에 상관없이 시작하기 위한 것이든간에 어쨌든 커뮤니케이션의 개선입니다. 새로운 테크놀로지는 따라서 불가피하게 경제에 영향을 미칠 것입니다. 왜냐하면 전통적인 전화 조작자들이 알게 될 혁신을 잊어버리지 않고, 국제 통신의 비용이 거의 사라질 때쯤이면, 우리는 우리가 세계 어느곳에 있든지간에 필요한 물건을 가장 낮은 가격에 구입할 수 있게 될 것이기 때문입니다.

민주주의에 관해서, 여기에 진정한 토론거리가 있습니다. 하지만 그것은 정치적 책임자들의 염려와는 매우 거리가 있습니다. 이러한 진보 속에서 우리가 알고 있는 정치 시스템이 살아남을 것이라고 주장할 수 있는 사람이 누가 있겠습니까? 시민들은 그들의 대표자들 없이는 살 수 없을까요? 이제 그들은 모든 정보 채널을 제어하고, 원인을 인식한 상태에서 결정을 내릴 능력을 가지게 될까요? 어느 날 시민들이 그들의 관심이나 흥미 중심에 따라 국가를 떠나 평행한 세상에서 살기 위해 각각 다른 사회를 만들며 그룹화되는 사회를 상상할 수 없을까요? 또한 무정부주의적인 새로운 삶을 개척하고, 그들 세계로부터 독립적임을 선포한다면 어떻게 될까요? 혹은 또 다른 관점에서 볼 때, 예전에 오웰이 예견했던 바대로 전제 정부가 빅브라더를 창조하고, 네트워크 전산망을 이용하여 각 가정에 침투하고, 그들을 감시하는 세상을 상상할 수는 없을까요?

그런 것들에 대해 우리가 조심하는 때부터 모든 것이 가능합니다. 인류의 역사——특히나 20세기——는 그것을 잘 보여 주었습니다. 이러한 조류에 직면하여 경계를 게을리 하지 않고 반응을 보여야 하는 것은 바로 우리 정치 책임자들의 몫입니다. 또한 미래 사회에서 빠지지 말아야 할 것은 정치의 위상과 역할에 대한 진정한 사고일 것입니다.

FORESEEN : 당신은 그것이 진정한 사회적 발전이라고 여기십니까? 또한 새로운 문명이라고 생각하십니까? 만약 그렇다면 긍정적인 측면은 무엇이고, 경우에 따라 일어날 수도 있는 문제점들은 어떤 것입니까?

앙드레 상티니: 어떤 발명의 출현은 각자 스승을 가집니다. 그들은 땅 위에 천국의 도래를 예고합니다. 우리는 기술적 진보로 풍성한 한 세계를 끝내고 있습니다. 그것의 주요 영향은 세계화였고, 다시 말해서 그것은 대륙간의 이동 시간을 급격히 단축한 것이고, 정보에로의 거의 즉각적인 접속과 상업적·인간적 교류의 증가를 들 수 있을 것입니다. 그렇다면 우리는 이상적인 사회에 있는 것인가요? 행복을 기다리기 위해 사물들의 뒤에 우리를 숨기지 않고, 그 사물들을 개선하기 위해 기여하는 기술들을 사용하고, 또한 명석하게 남아 있다는 것에 대해서 우리 스스로에 대해 만족하기로 합시다.

또한 모든 발명에는 카산드라가 있었다는 것을 잊지 말도록 합시다. 구텐베르크가 인쇄술을 발명하였을 때, 성직자들은 곧 그것이 인간애에 대한 퇴보라고 예언하였습니다. 왜냐하면 그것은 인간의 기억력을 감퇴시키고, 지식을 전달하는 데에까지 사용되는 것이기 때문입니다. 하지만 《성서》의 전파가 증가될 것이라는 생각에 기뻐하던 지지자들도 여론 형성에 있어서 독서의 영향을 상상할 수나 있었겠습니까?

'테크놀로지의 혁명'은 기술적인 진보와 20세기 모습의 진보 속에 기록됩니다. 그것이 생산해 낼 것은 인간의 물품일 뿐입니다. '기계를 과도하게 사용하기'를 않기 위해 조심하는 것이 우리의 할 일입니다.

일부의 사회학자들은 벌써 이러한 진보에 대해 염려하고 있습니다. 미래의 세계는 네트워크의 사용에 익숙하고, 여러 가지 언어를 말하며, 지표나 재산이 없는 다수의 사람들을 한쪽에 밀쳐두는 부유한 엘리트들로 이루어지게 될까요? '글로벌 기업'이라는 말을 듣기 시작하는 것처럼, 기업들은 그렇게 되기 위해 어떤 나라에서 얻을 수 있는 이득에 따라 다른 나라에 진출하면서, 그들에게 운명이 걸려 있는 수천 명의 근로자들을 포기하고, 그들의 국적을 포기하는 방향으로 나아갈까요? 간단히 말해서, 우리는 산업 혁명의 결함을 적어도 석탄에 관한 것만이라도 바로잡을 수 있게 될까요?

내 생각에 그것은 우리가 새로운 도구들에 힘입어 보다 잘 교육받고, 보다 많은 정보를 가진 여론의 출현을 맞이하게 되리라는 사실을 잊고 있는 것으로 보입니다.

FORESEEN: 당신은 그 새로운 도구들을 장려하고 가속화해야 한다고 생각하십니까? 만약 그렇다면 주저하는 자들과 염려하는 자들을 어떻게 극복해야 할까요?

앙드레 상티니: 인간으로 하여금 그의 존재를 개선하게 해주는 모든 발전을 격려하고 가속화시켜야 합니다. 그것은 인간성이 존재하는 이유입니다. 하지만 그것을 위해 인간을 망각하면 안 됩니다. 그것이 바로 정치 책임자들의 의무입니다. 각 개인이 이러한 평등으로 무장한 사회로 나아갈 수 있도록 지켜보는 것이 바로 우리의 일입니다.

FORESEEN: 당신은 인터랙티비티 테크놀로지가 갖는 역동성이 인간적 근접성을 가진 인터랙티비티 수요를 불러일으키리라고 생각하십니까? 미래의 인터랙티비티는 '완전히 전자식 시스템'이 될까요, 아니면 역시 정서적이고 감정적이며 물리적인 것이 될까요?

앙드레 상티니: 새로운 테크놀로지의 폭발이 인간 관계에 있어서, 근접성의 개념이 큰 위치를 차지하게 되는 시점에 도래했음을 확인하는 것은 모순적인 일입니다. 우리는 유일하게 동료

들하고만 소통하고, 책상 끝에서 식어 버린 피자 조각과 함께 컴퓨터 화면 앞에 붙어앉은 외로운 상투적인 도시인이 되지는 말아야 할 것입니다.

　우선 인터넷의 사용이 텔레비전 앞에서 시간을 보내던 것을 없애고, 자신이 정보를 찾아다니는 주역이 되게 한다는 점에서 긍정적임을 알 수 있습니다. 또한 인터넷 항해자는 그의 대화자를 물리적으로 보아야 할 필요성을 느낍니다. 이시레물리노의 인터넷 항해자들을 위한 클럽은 매우 큰 성공을 거두었습니다. 왜냐하면 그것이 네트워크상으로만 소통하는 것에 길들여져 있는 사람들을 서로 만날 수 있게 해주었기 때문입니다.

FORESEEN: 거기에서 어떤 교훈을 얻으셨습니까? 만약 다시 시작할 수 있다면, 달리 어떻게 하시겠습니까? 또 하지 않을 것은 무엇입니까?

앙드레 상티니: 새로운 테크놀로지를, 그것이 필연적인 것인 만큼 적합한 자리에 위치시켜야 합니다. 미래의 세계에서 모든 것이 다 테크놀로지화되지는 않을 것입니다. 또한 인간 존재가 사회의 중심에 있지도 않을 것입니다. 중요한 것은, 사회 속에서 인간 존재의 진화입니다. 인간 종의 진화와 새로운 테크놀로지는 단순히 인간이 보다 잘 살 수 있게 해주는 도구일 뿐입니다.

FORESEEN: 그 이점들을 어떻게 평가하십니까? 미래를 위한 장점은 어떤 것들입니까?

앙드레 상티니: 미래를 준비하고 있을 때 즉각적인 이점에 대해 평가한다는 것은 어려운 일이죠. 하지만 이시레물리노 시

가 그의 새로운 테크놀로지에 대한 정책으로 개발한 현대성의 이미지는 두 가지 이점을 가집니다. 그것은 주민들에게 이곳에서 일어나고 있는 일들에 대해 자부심을 가지도록 해줍니다. 왜냐하면 그들은 개척자가 된 듯한 느낌을 받기 때문입니다. 또한 그러한 이미지는 매일 새로운 기업들의 눈길을 더 많이 끌기 때문이죠. 1년 동안 1천5백 개의 기업체가 2천5백 개의 새로운 고용을 창출하면서 이곳 이시레물리노에 세워진다면, 그것은 부가적인 예산원이 되고, 따라서 주민들에게는 새로운 서비스가 되는 셈입니다. 이런 것들과 함께 8년 동안 우리 시의 인구가 4만 6천 명에서 5만 5천 명이 되었다면 아무도 놀라워하지 않을 것입니다.

FORESEEN: 당신의 생각에 그것은 다른 곳에서도 재현해 낼 수 있는 경험인가요? 만약 그렇다면 다른 도시의 시장에게 당신이 해줄 수 있는 조언은 어떤 것입니까?

앙드레 상티니: 1996년 5월에 이시레물리노 시의 홈페이지가 열렸을 때, 우리는 손가락으로 꼽을 정도의 소수에 속했습니다. 오늘날에는 2백 개의 지역 집단이 투자를 하여 그들의 사이트를 만들었으며, 새로운 발의 없이 일주일이 지나가는 일은 거의 없습니다. 우리는 지역 단체의 활기에 대해 칭찬을 할 수 있을 것입니다. 이 분야에 있어서 지역 단체들은 정부보다 훨씬 반응적입니다.

또한 그것은 그리 많은 비용이 들지 않습니다. 프랑스의 각 지역과 마을들은 인터넷에 사이트를 만들 수 있을 것입니다. 비록 초기에는 조촐하게라도 말이죠. 그런 후에 프랑스에는 인터넷에 열중한 사람들이 많이 있으므로, 그들과 연합하는 것만으로도 충분할 것입니다.

지역 단체들이 직면한 유일한 진짜 문제는 학교에 컴퓨터 장비를 대량 설치하는 일입니다. 다소 덜 강력하지만 어쨌든 세계 전산망과의 연결을 가능하게 해주는 장비의 대여나, 혹은 텔레비전을 통한 대체적인 테크놀로지 같은 적절한 상업적 공급의 출현이 있어야지만 이러한 수요에 해답을 줄 수 있을 것입니다.

FORESEEN: 당신의 국회의원직 수행에 있어서 인터랙티비티는 이미 확립된 상태인가요?

예를 들어 인터넷을 도구로 이미 사용하고 있습니까? 인트라넷은 구축하셨나요?

재택 근무가 이미 시행되고 있습니까?

만약 그렇다면 발생한 문제점들은 어떤 것이 있습니까?

당신이 시행해야 했던 주요 변화에는 어떤 것들이 있습니까?

직원들은 어떤 방식으로 적응을 하였으며, 그들을 위해 어떤 교육을 시행하여야 했습니까?

앙드레 상티니: 국회는 인터넷에 전용 사이트가 있습니다. 하지만 그것은 아직 의원들이나 행정 직원, 혹은 대중을 위한 업무의 도구로 개발하기 위해 숙고의 단계에 있으며, 인트라넷의 경우도 마찬가지입니다.

몇몇 의원들이 전자 우편 주소(의원은 *asantini@easynet.fr*; 시장은 *santini@ville-issy*)를 갖고 있다 할지라도, 그것은 그들의 직권 내에서만 통용되는 것입니다. 국회는 의원 각자에게 E-메일 주소를 부여할 것을 고려하고 있습니다. 따라서 상원의원들은 이 안건에 대해서 오래 전부터 생각해 왔음을 말해 두어야 할 것입니다. 하지만 모든 것은 이제 신속하게 진행되어야 합니다.

‘새로운 테크놀로지’라는 실무팀이 얼마 전에 생겨났습니다.

또한 아마도 인터넷을 가장 구체적으로 사용하고 있는 사람들은 시청의 직원들일 것입니다. 특히 전자 우편은 그들이 규칙적으로 사용하는 것(주말에 집에서 사용하는 것을 포함하여)입니다. 또한 시청의 행정 직원들은 1998년 2/4분기까지 인터넷 사용법에 대해 교육받아야 하는 것으로 계획되어 있습니다.

FORESEEN: 장기적으로 당신의 시장직 수행에 있어서 이러한 추세는 변화할까요?

앙드레 상티니: 정보에로의 접속은 의사 결정의 과정을 단축시킬 것입니다. 오늘날 어떤 사법적인 문제가 한 도시에서 발생하면, 네트워크상에서 법규에 관한 텍스트를 찾아내는 것도 쉬운 일이지만, 또한 다른 곳에서 이런 문제들을 어떻게 처리하였는지에 관한 사례를 찾아볼 수도 있습니다.

게다가 우리는 여러 흥미 집단을 결성할 수 있게 하는 여러 가지 서비스의 증가를 인터넷에서 볼 수 있습니다. 따라서 시장들은 어떠한 주제에 관하여 상호적으로 질문을 할 수도 있고, 지역 발의에 대한 예를 들 수도 있고, 지역에서 일어나는 일에 대해 설명을 할 수도 있으며, 예전보다 훨씬 빨리 문제에 대한 해결 방안을 찾을 수도 있습니다.

FORESEEN: 끝으로, 당신이 생각하기에 새로운 테크놀로지의 수단에 힘입어 사회에서 생겨날 근본적인 세 가지 변화는 무엇입니까?

앙드레 상티니: 1. 거리에 상관없이 글이나 음성·화상 전화

등을 이용한 인간들간의 커뮤니케이션이 증가될 것입니다.

　2. 보편적 지식의 풍성함이 예상됩니다. 오늘날 80퍼센트의 인간 지식이 컴퓨터 안에 내장되어 있다고 합니다. 앞으로 어떤 결과가 초래될지를 상상해 보십시오.

　3. 상거래에 대한 입법의 조화가 예상됩니다. 왜냐하면 개인은 국가적인 법률을 고려하지 않는데, 그것은 최고로 좋은 물건을 가장 저렴하게 구입하기를 원하기 때문입니다. 이것이 아마도 세계 경제에 가장 큰 영향을 미칠 문제일 것입니다.

ㄱ

아네스 투렌

Havas Interactive 사장

FORESEEN: 당신은 인터랙티비티와 관련된 새로운 사업 분야의 선구자들 중 한 회사를 이끌고 있습니다. 당신은 인터랙티비티를 어떻게 정의하고 있습니까?

아네스 투렌: 인터랙티비티는 한 사람 혹은 여러 사람과, 전통적인 혹은 새로운 표현 수단을 이용하여 네트워크상에서 즉각적인 대화를 구성할 수 있는 가능성을 말합니다. 그러한 표현 수단은 컴퓨터와 디지털 전송 능력의 결합에 의한 것으로, 전자 우편과 전화, 대화, 3D로 표현되는 시각적 혹은 글로 씌어진 서류에 대한 공동 작업이나 교류, 정보에 대한 질문과 답변 등을 가능하게 합니다.

FORESEEN: 당신이 개발하고 있는 새로운 테크놀로지에 관한 활동들과 다양한 직종들에는 어떤 것들이 있습니까?

아네스 투렌: 우리의 목표는 CD-ROM과 인터넷, 혹은 게임기와 같은 여러 가지 플랫폼에 적합한 전자식 인터랙티브 프로그램을 만드는 것입니다. 멀티미디어와 인터랙티비티 분야에서 핵심적인 것은 프로그램의 컨셉과 콘텐츠, 근본적으로 새로운 커

뮤니케이션 매체에 의해 생겨나고 유포되는 가치입니다. 우리 Havas Interactive에서는 라루스·보르다스와 같은 유명 상표의 백과사전과 로베르 같은 사전류, 나탕과 함께 교육 분야에 관해, 일반 언론 기관이나 전문 혹은 경제 신문사와 함께 정보 분야에 관한 인터랙티브 콘텐츠를 만들어 내고 있습니다. 우리는 탐색 엔진에 의해 제기될 수 있는 데이터 베이스들을 종합합니다. 근본적으로 우리의 일은 대중에게 그들이 전문인이든 아니든간에 전자 수단에 힘입은 부가 가치들의 풍성한 콘텐츠를 제공하는 것입니다.

FORESEEN: 근래 당신의 활동들에 가장 흥미를 가지는 고객은 어떤 유형이 있습니까?

아녜스 투렌: 모든 것은 당신이 제공하는 콘텐츠에 달려 있습니다. 근래에는 12세에서 13세의 아이들에게 있어서 게임이 지배적인 종목입니다. 하지만 미래의 시장은 대중들과 함께 열리게 될 것입니다. 우리는 대중을 향해 있습니다. 즉 교육에 관한 것을 위해서는 교육 기관과 참고자인 가족을 향해, 비즈니스에 관한 것을 위해서는 사업가들을 향해 호소하고 있습니다.

FORESEEN: 시장의 미래는 어떻습니까?

아녜스 투렌: 매우 폭발적인 시장을 형성하고 있습니다. 디지털은 생산과 개발, 정보 전송의 방식을 완전히 전복시키는 진정한 혁명입니다. 미래는 몇 년 내에 성장률이 두 자릿수로 증가할 완벽한 진보의 세계로서, 활동들이 어떻게 표준화될지에 대해서는 어느 누구도 정확하게 모르는 것입니다.

내 생각에 **CD-ROM**은 아마도 20년을 지속하지 못할 도구입니다. 인터넷은 그것의 소비 방식과 지불 방식을 발전시키도록 하고 있습니다. 이 시장은 앞으로 3-5년 내에 더 이상 직접 그 윤곽이 잡히지 않을 것이고, 우리가 앞으로 나아가면서 발견해 가야 할 분야입니다.

FORESEEN: 이 시장에서 얻은 새로운 노하우는 어떤 것이 있습니까?

아녜스 투렌: 그것은 콘텐츠와 컨셉, 재능과 정보처리의 결합에 의한 새로운 노하우입니다.

예전에는 시장이 각각 흩어져 있었습니다. 정보처리자, 작가, 시나리오 작가, 매체 관리자 등. 하지만 오늘날은 디지털에 힘입어 멀티미디어와 인터랙티비티는 새로운 능력을 창조하였습니다. 예를 들어 웹상의 어떤 사이트를 만들기 위해 당신은 웹마스터가 필요합니다. 한 사이트를 만든 사람은 편집장처럼 언제나 그 사이트를 관리하고, E-메일로 정보 요구에 대한 답을 하고, 모임을 조직하고, 자기 사이트의 인터페이스를 변화시킵니다. 자신의 신문을 가진 편집장과 같지만, 다른 점이 있다면 사이트를 유지하기 위해 모든 것을 혼자 한다는 것입니다.

그것은 편집 능력과 시스템을 작동하기 위한 기술적인 능력, HTML을 처리하는 능력, 인터넷 검색자들과 관계를 유지하기 위해 대화하는 능력들을 모두 조합한 새로운 직업입니다.

이와 같은 새로운 직종이 있습니다. 우리는 새로운 노하우가 필요한 세상을 보게 될 것입니다. 즉 그것은 네페르타리[36]의 무덤을 3차원으로 재복원한 3D의 절대적인 전문가처럼 극도의 정밀한 노하우이거나, 혹은 콘텐츠의 제작이나 정보처리 능력, 또는 인터랙티비티, 즉 인터넷 항해자와 대화를 할 수 있는 능력과 관련된 일반적인 노하우일 수도 있습니다.

FORESEEN: 새로운 테크놀로지는 많은 새로운 직종을 창출하게 될까요?

아녜스 투렌: 그렇습니다. 예를 들어 모든 콘텐츠(프로그램이나 광고 등)의 새로운 개발을 위한 계획에서의 리더라는 직종이 생겨날 것입니다. 계획의 리더는 모든 재능을 통합하고, 예산과 생산을 수행하는 제작자입니다. 그는 영화의 제작자와 비교될 수 있으나, 전자업계는 보다 공업적인 활동을 하는 직종입니다.
컨셉이나 시나리오의 문체, 내용과 상표의 통합적인 면에서 보면 영화 제작과 거의 비슷하지만, 연출 단계에서는 매우 상이합니다. 만약 영화 연출에 있어서 감독이 많은 자유를 누린다면, 멀티미디어에서의 연출은 매우 형식화되고 특수화된 정보처리 도구에 의존해야 합니다. 그것은 공업적인 접근입니다.

FORESEEN: 당신이 개발하고 있는 활동들은 어떤 식으로 인터랙티비티 혁명을 예견하고 있나요?

아녜스 투렌: 진정코 많은 훌륭한 변화들을 조장하는 것은 바로 디지털입니다. 우리는 '하나에서 대량으로' 나아가고 있습니다. 즉 많은 사람들을 위한 한 권의 잡지에서 한 사람을 위한 대량의 정보로 진행하고 있는 것입니다. 미래에 각 개인에게 필요한 정보만을 제공하는 개인별 맞춤 잡지와 개인별 수학 연습 문제를 제공할 수 있게 되는 것은, 바로 이러한 정보와 데이터베이스의 처리에 달린 것입니다. 이것은 개인이 자신의 정보를

찾기 위해 대량의 매체들 중 선택을 하게 되는 혁신일 뿐만 아니라, 그가 원하는 것을 그가 원하는 장소에서 실시간으로 받아볼 수 있는 가능성인 것입니다.

FORESEEN: 비용은 얼마나 들까요? 이러한 새로운 서비스들을 가장 많은 수의 사람들에게 적당한 비용으로 제공해 줄 수 있는 것은 정보의 표준화 덕분인가요?

아녜스 투렌: 그렇기도 하고, 또 그렇지 않기도 합니다. 맨 먼저 어떠한 중개 없이 정보를 직접 전달할 수 있다는 것이 비용을 많이 줄여 줍니다. 만약 당신이 내일 아침에 온라인으로 잡지를 받는다면, 그것은 당신이 그 잡지에 당신의 이름과 주소를 적어넣고, 포장하고, 우편으로 부치는 등의 일을 하는 사람을 없앤 것이 됩니다. 디지털에서 중요한 것은, 당신이 정보를 빠짐없이, 이 사람에게서 저 사람에게로 물리적인 비용 없이 전달할 수 있다는 사실입니다.

예를 들어 인터넷상의 거대한 미국 서점의 홈페이지인 아마존은 전통적인 유통 구조에 비해 34퍼센트나 책을 싸게 팝니다.

두번째로, 실제적으로 디지털은 표준화를 가능케 하고, 생산 비용을 감축합니다.

FORESEEN: 이러한 인터랙티브 혁명은 우리의 생활 방식을 어떻게 변화시킬까요?

아녜스 투렌: 다른 모든 혁명들처럼 인터랙티브 혁명의 영향도 몇십 년에 걸쳐 이루어질 것입니다. 그것은 틀림없이 수용 방식을 변화시킬 것입니다. 오늘날 지식에 대한 매우 전통적인

전파가 있습니다. 즉 알고 있는 사람이 모르는 사람들에게 전파하는 것입니다. 새로운 테크놀로지와 함께 우리는 정보의 원천에 접근할 수 있고, 단순히 지식의 계층적인 조직 위에 기초한 학습이 아니라 연합적이고 보편적인 방식으로 기능하는 교육과 접할 수 있습니다.

교육 조직에 있어서도 역시 변화가 있는데, 예를 들어 미국에서 학생들은 E-메일 주소 없이는 대학교에 들어가지 못한다고 합니다. 또한 교수에게 과제물을 제출하는 대신, 자정까지 E-메일로 보고서를 보냅니다.

일에 있어서도 변화는 행동의 신속성과, 여러 사람들 사이의 답변 시간을 단축하는 데서 생산성의 이득을 가져오는 것으로 나타납니다. 그것은 미국에서 이미 실행되고 있는데, 예를 들어 내가 미국인에게 E-메일을 보내면, 그가 답하는 데 걸리는 시간은 보통 24시간 이내입니다.

FORESEEN: 가속화에 직면하여, 사고하기 위한 시간은 어떻게 될까요?

아네스 투렌: 그것은 제기되어야 할 문제입니다.

FORESEEN: 생겨나는 문제는 어떤 것이 있을까요?

아네스 투렌: 아마도 지나친 신속성의 문제일 것입니다. 하지만 특히나 과다한 정보로부터 생기는 문제가 더할 것입니다. 예를 들어 나는 요즘 하루에 90통의 E-메일을 받습니다. 각 개인이 매우 광범위하게 정보를 퍼뜨리고 있고, 나는 필요도 없는 정보들을 받고 있는 것입니다.

FORESEEN: 만약 과다한 정보가 정보를 죽인다면, 이러한 정보의 쇄도를 어떻게 관리할 수 있을까요? 또한 어떻게 하면 유용한 정보를 얻을 수 있을까요?

아녜스 투렌: 미국인들은 E-메일에서 선별 시스템을 가동하기 시작하였습니다. 그것은 전자공학이 의사 소통의 자유를 의미한다는 점에서 모순적입니다.

하지만 특히 편집이라는 개념이 우위를 차지할 것입니다. 점점 사람들은 정보가 편리함이 되어갈 것이라고 생각하고, 편집 일은 그 권리를 재개할 것입니다. 왜냐하면 정보를 구분하고 조직하는 편집자 역할을 할 인간의 개입이 필요하게 될 것이기 때문입니다. 우리는 두 가지 유형의 정보를 향해 나아가고 있습니다. 한 가지는 예를 들어 증권 거래소와 같은 대량의 매우 평범한 유형이고, 다른 하나는 매우 높은 부가 가치를 가진 것입니다. 기자라는 직업은 새로운 테크놀로지의 시대에 중요한 직업들 중의 하나가 될 것입니다.

FORESEEN: 전자 상거래의 미래는 어떻다고 보십니까? 기간은 얼마쯤으로 보십니까?

아녜스 투렌: 전자 상거래는 어떤 미래를 가지고 있고, 그것은 매우 신속하게 전개되고 있습니다. 여기에서도 역시 상투적인 것에 대한 경계를 해야 합니다. 웹상에서 매우 쉽게 구입할 수 있는 책이나 꽃 같은 것들이 있는 반면, 구입하기가 쉽지 않은 것들도 있기 때문입더다.

FORESEEN: 교육 분야의 진보는 얼마나 걸릴 것으로 보십니까?

아녜스 투렌: 훨씬 장기간으로 생각됩니다.

FORESEEN: 왜 그렇죠?

아녜스 투렌: 왜냐하면 지식의 전달과 교육 방식은 쥘 페리[37]
이후로 근본적으로 변화하지 않았기 때문입니다. 학습 방법도
변화하지 않았고, 새로운 테크놀로지가 지식으로의 새로운 접근
을 제공해 준다 하더라도, 어느 누구도 아직까지 그것이 현재의
시스템 속에서 어떻게 통합될 수 있는지에 대해 알고 있는 사람
은 없습니다. 따라서 시스템을 진전시켜야 할 것입니다. 학생 1
명당 컴퓨터를 한 대씩 설치해야 하냐구요? 그것은 별 의미가
없습니다. 왜냐하면 40대의 컴퓨터 앞에 있는 교사는 편안할 수
없습니다. 그렇다면 교실 구석에 컴퓨터를 놓아야 할까요? 그러
면 무슨 소용이 있겠습니까? 도서관에 놓아야 할까요? 이 문제
는 미국인들이 아직도 만족할 만한 해답을 찾지 못한 부분이기
도 합니다. 오늘날의 유럽에서와 마찬가지로 미국에서도 모든
사람들에게 장비를 갖추어 주기 위해 안달하는 테크놀로지에 대
한 거대한 열광이 있었습니다. 하지만 지금은 오히려 그것을 어
떻게 사용하느냐에 관한 지식의 문제가 제기되고 있습니다.

첫번째와 두번째 단계의 교육 프로그램이 제안되고 있지만, 그
것은 교육 방식을 완전히 바꾸지는 않고 있습니다. 반대로 대학
교육은 모든 것이 웹에 의해 이루어지고 있습니다. 즉 자료 검
색, 그룹 스터디, 사례 연구 등에서 그러합니다.

FORESEEN: 결국 교육 방식의 구조적인 변화를 위한 도구이면
서 더불어 정보 탐색을 위한 거대한 도구로군요.

아녜스 투렌: 오늘날 그러한 의문이 제기되었습니다. 교육 방식에 있어서의 혁신은 없었습니다. 바뀐 것은 전자 인터랙티비티가 종이로는 가질 수 없는 것들을 당신에게 가져다 준다는 것입니다. 예를 들어 자연과학에서 3차원 시뮬레이션으로 만들어진 모델만이 물리나 화학의 데이터들을 이해할 수 있게 해줍니다.

만약 20권짜리 백과사전에서 당신이 르네상스 시대와 라틴아메리카의 구텐베르크 시대에 연관되어 일어난 일을 찾아야 한다면, 당신은 3시간이 지나도 만족할 만한 답을 찾기 어려울 것입니다. 하지만 CD-ROM에서는 라틴아메리카와 유럽 사이의 직접적인 연관이 있으므로, 당신은 즉시 그것이 콩키스타도르들의 도착 시기라는 것을 알게 될 것입니다.

전자공학은 막대한 데이터 베이스와 책에서는 불가능한 직접적인 연관성들의 조합에 의해서 복잡한 검색을 가능하게 해줍니다. 반대로 CD-ROM이나 인터넷은, 만약 당신이 어떤 한 단어의 의미를 찾아야 할 때에는 보다 사용하기 복잡할 수도 있습니다. 왜냐하면 사전을 찾으면 15초면 끝날 테니까요. 전자공학의 뒤편에는 매우 다양한 사용 가치가 존재합니다. 즉 매우 유용한 것들과 다소 그렇지 못한 것들이 있는 것이죠.

전자공학과 인터랙티비티는 검색이나 실무 교환에 관한 인간 활동에 도움을 주는 수단일 뿐입니다. 그것은 정보 앞에서 인간의 능력을 감소시키는 수단인 것입니다. 나는 책으로 된 백과사전으로 선적인 정보들에 도달할 수 있는 반면, 전자 백과사전으로는 연합적인 다차원적 정보에 도달할 수 있습니다.

멀티미디어에 동반된 큰 변화는 데이터 베이스에 대한 접근이고, 데이터 베이스의 개념은 동시에 여러 축을 기준으로 검색을 실행하게 해줍니다. 당신은 시간적·지리적·주제별 축에 따라 검색을 할 수 있고, 그것이 근본적인 변화를 주는 것입니다. 당신은 백과사전에서 따라가야 하는 선적인 방식에 더 이상 얽매일 필요가 없습니다.

FORESEEN: 그것이 선적이고 연역적인 논리적 사고 형태 위에 이룩된 데카르트적 정신을 변혁시키게 될까요?

아녜스 투렌: 그것이 어린이들이 두뇌를 형성해 나가는 방식을 바꿔 놓게 될 것은 분명한 일입니다. 그들은 훨씬 더 영민하고 다차원적인 학습을 받게 될 것이고, 일을 해나가는 방식도 다를 것입니다.

만약 당신이 요즘 미국에서 수업 시간에 발표를 하게 된다면, 당신은 짜깁기식 과제를 하게 될 것입니다. 즉 당신은 웹상의 여러 사이트에 들러 정보를 찾은 후, 당신이 찾아낸 자료들을 이해하고, 올바르게 구성을 하면 됩니다. 찾아내는 기능이 예전보다 무한대로 중요해졌습니다. 요즘은 대학생들이 발표를 할 때, 무제한적인 정보 세계와 접속할 수 있기 때문에, 그는 검색과 선별 능력을 키울 수 있고, 또한 대량으로 유효한 정보를 형식화하는 능력을 기를 수 있습니다.

FORESEEN: 당신은 그것이 진정한 사회적 발전이고, 나아가서 새로운 문명이 될 것으로 보십니까?

아녜스 투렌: 새로운 문명이라고까지 말하는 것은 좀 지나칠 수도 있겠습니다. 하지만 커뮤니케이션 방식과 정보 검색 방법에서는 현저한 진보라고 분명 말할 수 있습니다.

긍정적인 측면은 그것이 성장을 가능케 하고, 마치 골드 러시와 비슷한 데가 있다고 할까요? 사람들은 그것이 어디에 있는지

모르고, 그것이 무엇을 얼마나 가져다 줄지 모르면서도 단지 그
곳에 가야 한다는 것은 모두가 알고 있습니다.
　불편한 점은 네트워크에 연결된 사람도 있고, 그렇지 않은 사
람도 있는 세계에 들어가야 하는 위험성입니다.

FORESEEN: 그렇다면 인터랙티브 분열이 생겨날까요?

아녜스 투렌: 네, 분열의 위험성이 진짜로 있습니다. 네트워크
에 연결된 사람들은 매우 빨리 정보를 얻고, 새로운 세계에서 새
로운 잠재력을 가지게 됩니다. 컴퓨터와 인터넷 접속을 위한 모
뎀을 소유한 한 어린이는 발표를 하기 위해서 그것을 갖지 못한
다른 아이보다 훨씬 무한한 가능성들을 보유하고 있습니다.
　미국에서 만약 당신이 E-메일을 갖고 있지 않다면, 당신은 대
학에 들어갈 수도 없습니다.

FORESEEN: 당신은 새로운 테크놀로지를 장려하고 가속화시켜
야 한다고 생각하십니까?

아녜스 투렌: 첫번째로 해야 할 일은 그것의 진행을 막지 않
는 것입니다. 프랑스에서는 그런 일이 흔히 있었습니다. 그것을
장려해야 하는 것은 당연한 일입니다.

FORESEEN: 국가의 역할은 어떤 것일까요?

아녜스 투렌: 국가는 비전을 제시하는 핵심적인 역할을 해야
할 것입니다. 현재 진행중인 중요한 진보가 있다는 것과, 이 혁
명은 인쇄술의 발명과 비교될 수 있는 혁신이라는 것을 알리는

것입니다. 이러한 진보를 알리고, 그것에 대해 설명하고, 그것과 함께 동반할 수 있는 것은 바로 정치의 핵심입니다. 국가의 역할은 교사들에 대한 장비갖추기, 교육, 기업 창립에 대한 격려에 있어서 특히 많은 자극을 주어야 하는 데 있습니다. 정치적 비전의 역할과 교육과 학습 분야에 있어서의 특권적인 역할은 만인이 모두 새로운 테크놀로지와 접할 수 있도록 하기 위한 것입니다. 하지만 나는 이미 우리가 그것에서 보상과 성공을 거둔 만인을 위한 정보처리 산업에 가담하는 것은 국가의 역할이라고 생각합니다.

FORESEEN: 그렇다면 기업의 역할은 어떤 것이 될까요?

아녜스 투렌: 그들이 새로운 수단을 받아들이는 것에 확신을 가지는 것입니다. 프랑스에서 기업들은 이미 많이 지체되고 있습니다. 수많은 사장들이 그것이 전략적인 분야에 속한다는 것을 이해하지 못했습니다. 나는 미국이 이 분야를 장악하고 있고, 그 나라에서는 책상 위에 PC를 갖추지 않은 사장이 없다는 사실에 대해 매우 유감스럽게 생각합니다. 프랑스에는 개인용 컴퓨터를 갖춘 사장은 거의 없고, 그들에게 왜 그러느냐고 물으면 그들은 당신에게 "제 비서를 보세요"라고 말할 것입니다.
프랑스의 기업주들에게 새로운 테크놀로지란 비서나, 혹은 정보처리 전문가들이 속한 분야라고 생각되고 있습니다.
이제는 지도자들의 차원에서 새로운 테크놀로지가 가져다 주는 진보를, 그것이 인트라넷과 같은 업무 조직의 차원에서건 혹은 그들 상품의 판매를 위해서건간에 전략적인 성질의 것으로 인식해야 할 시기입니다.

FORESEEN: 주저하는 사람들을 어떻게 설득할 수 있을까요?

아녜스 투렌: 우선 명확한 정책적인 담화에 의해서, 개인용 컴퓨터를 사용해야 하는 기업주들의 역할 모델의 개념에 의해서, 그리고 새로운 테크놀로지에 관심이 있고 그것에 대해서 알고 있는 여론 지도자들에 의해서 가능할 것입니다. 이것은 프랑스의 대대로 이어져 온 문제입니다. 가장 주저하는 세대는 68학생운동 세대로서, 과거 어떤 시기에 매우 급진적인 사람들이었는데, 오늘날 그들은 가장 주저함과 느림이 많은 사람들입니다.

가장 놀라운 것은 할아버지 세대들이 그들의 손자들과 소통을 유지하는 데에 매우 큰 관심을 쏟고 있다는 것입니다. 가장 큰 문제는 40대와 50대입니다.

FORESEEN: 지식과 창조에 관련된 직업들은 어떤 결과를 얻게 될까요?

아녜스 투렌: 그 직종들은 그들의 전통적인 분야에서 벗어날 위험이 있는 직업들입니다. 세상에서 가장 방대한 백과사전은 오늘날 마이크로소프트사에 의해 만들어진 것입니다. 오늘날 아셰트와 라루스는 마이크로소프트사와 경쟁 관계에 있습니다. 경쟁은 다양한 형태를 띠고 있습니다. 창조적인 직업에서 핵심적인 것은, 자신을 적응시키고 새로운 테크놀로지가 가져오는 지적인 가능성들을 예상하는 일입니다.

내가 생각하는 문제는 다음과 같습니다. "디지털이 조작하는 세상에서 프랑스와 유럽이 차지할 자리가 있을까?" 그것은 결코 확실하지가 않습니다.

FORESEEN: 기업에는 어떠한 변화가 있을까요?

아녜스 투렌: 주로 기업의 조직적인 면에서 변화가 예상됩니다. 현재의 계층적 조직 구조에 대한 이의 제기가 있을 것입니다. 모든 사람이 사장과 똑같은 정보를 보유한 채 회사와 접속할 수 있다면, 보다 유연하고 보다 이동성 있는 회사 조직을 갖게 될 것입니다. 권력은 당신이 보유하고 있는 정보보다는 당신의 능력과 개인적인 부가 가치, 소규모 집단에서의 일하는 능력과 외부 사람들과의 상호 작용 능력에 따라 더 많이 좌지우지될 것입니다.

FORESEEN: 새로운 테크놀로지 분야로 들어가는 것을 용이하게 할 교육에는 어떤 것이 있습니까?

아녜스 투렌: 모든 간부들이 컴퓨터를 가지고, 인터넷을 다룰 줄 알며, 인트라넷에 의한 새로운 도구들에 대해 알고 있어야 합니다. 하지만 모든 것은 기업주의 모델과 팀들을 활성화시키고, 현재의 방식대로 새로운 테크놀로지를 실행해야 하는 간부들의 모델에 의해 형성되는 것입니다.

FORESEEN: 만약 개개인이 기계에 의해서만 관계를 만들어 간다면, 인간 관계는 어떻게 변할까요?

아녜스 투렌: 인간 관계는 커피 자판기 앞이나 복도 등의 다른 곳에서 자연스럽게 형성될 것입니다. 사람들은 항상 서로를 보아야 할 필요가 있습니다. 하지만 형식적이지 않은 대화가 용이해지도록 해야 할 것입니다.

FORESEEN: 결론적으로 말해서, 당신은 가장 큰 변화는 어디에 있다고 보십니까?

아녜스 투렌: 교육이나 기업, 즉 정보로 연결되는 통로가 되는 모든 것에서 큰 변화가 예상됩니다. 왜냐하면 우리는 진정 정보의 사회로 들어가고 있기 때문입니다. 하지만 개인 위상과 그가 차지할 새로운 자리, 그리고 개인에 대한 인식과 서비스나 상품의 공급에 있어서 그가 가지는 유일한 성격에서 특히 많은 변화가 있을 것입니다.

FORESEEN: 인간 생활에서 인터랙티비티는 어떤 위치를 차지할까요?

아녜스 투렌: 생활의 풍요로움이라고 할 수 있을 것입니다. 우리는 행동의 잠재적 가능성과 보다 큰 선택의 자유, 관계의 다양화를 얻을 수 있습니다. 각 개인들은 자신의 삶에서 이러한 새로운 가능성들에 부여하기를 바라는 개인적인 자리를 찾아내게 될 것입니다.

내 생각에, 풍요와 선택과 자유에 기여하는 모든 것은 문명을 위한 발전입니다.

알랭 드 뿌질락

Havas Advertising 그룹 회장

FORESEEN: 당신은 개인적으로 인터랙티브 혁명을 어떻게 보십니까?

알랭 드 뿌질락: 인터랙티비티와 디지털 테크놀로지의 도래는, 나에게 있어서는 우선 개인에게 예전에는 상상조차 할 수 없었던 놀라운 기회와 정신의 개방을 가져다 주는 새로운 자유입니다. 그것은 소비자에게 주어진 환상적인 자유이고, 그 자유는 정보를 탐색하고 발견하도록 해줍니다. 왜냐하면 세계의 누군가가 그 정보를 미리 충분히 흥미로운 것으로 판단하고 네트워크상에 저장해 둔 것이기 때문입니다. 그것은 보다 큰 정보 선택과 기분 전환을 위한 자유입니다. 소비자들은 특히 자신과 관련 있는 흥미거리나 주제들에 있어서 능동적이 될 수 있습니다. 또한 그들은 프로그램에 참여하고, 대답하도록 그들에게 주어진 가능성에 의해서 인간적으로 더욱 관련되어 있다는 느낌을 받습니다. 따라서 그들은 수동적으로 TV 프로그램이나 컴퓨터 정보를 그대로 보고 있기만 하던 때보다 훨씬 더 흥미로운 사람이 되는 것입니다.

이것은 사람들이 예견하던 정보처리 산업의 미래와 반대되는 것입니다. 각 개인은 자신이 고려되었다는 느낌을 받고, 자신과 관련되고 그가 소통하는 세계의 다른 사람들의 눈에 실제적으로 흥미로운 것이 될 주제로 자신을 느끼게 됩니다.

이 혁명은 확실한 정복자를 맞이하게 될 것인데, 그는 바로 소비자입니다.

FORESEEN: 당신에게 있어서 가장 의미심장한 변화를 가져올 분야는 어떤 분야입니까?

알랭 드 뿌질락: 우선 소비자들에게 있어서 인터랙티비티는 자신이 좋아하는 것을 선택하고, 집에서 쇼핑을 할 수 있는 새로운 기회입니다. 그것은 가상 화면에 의한 소개·선별·비교·상품 공급과, 서비스의 개인화로 제공되는 제품에 대한 보다 넓고 보다 심화된 지식으로 실현되는 보다 넓은 선택 가능성을 뜻합니다.

기업에게 있어서 그것은 소비자를 다루는 방식에 있어서 재화와 서비스 제조자들에 의해 행해져야 하는 근본적인 진보입니다. 우선 소비자와의 대화를 가능하게 해야 하고, 또한 진보를 위해 소비자의 수요와 좋아하는 상표·취향·생활 방식과 관심거리에 대해 더 잘 알고 있어야 합니다.

유통업자들에게 있어서 인터랙티비티는 전자 상거래에 의해 설치된 소비자와의 대화에 힘입어, 그들에게 제공되는 잠재적으로 보다 풍성하고 보다 객관적인 새로운 판매 방식입니다.

보다 일반적으로 인터랙티비티는 국경·영토·지리적 영역과 같은 개념을 완전히 없애고, 그러한 개념들을 세계적인 차원의 개별화된 표적의 개념으로 재배열하고 있습니다.

교육에 있어서 인터랙티비티는 또한 환상적인 기회를 제공해 줍니다. 왜냐하면 역사·수학·물리·철학 등을 정체적이고 지루한 방식으로 배우는 대신, 아이들의 호기심과 흥미, 참여와 동기 유발을 조장하는 다른 형태의 교육, 즉 보다 지능적이고 역동적이며, 보다 유희적인 교수법이 생겨나고 있는 중입니다.

대중 생활에 있어서, 새로운 테크놀로지가 가져다 주는 개방적인 정신과 세상으로의 열림은 조금씩 특수한 상황과 예외들이 존재할 이유가 적어질 것임을 보여 줄 것입니다. 대중 세계는 자신의 집안에서 일어나는 일과, 다른 나라의 어딘가에서 일어나는 일을 누군가가 비교할 수 있는 가능성이 있을 것이라는 것을 염두에 두어야 할 것입니다. 이것은 실현되어야 할 대중 생활의 정신 상태에 있어서의 근본적인 변화인데, 왜냐하면 우리는 더 이상 자신의 행동에 대한 실제적이고 심층적인 증명 없이 어떤 영역 내에서 예외에 대해 논할 수 없을 것이기 때문입니다. 우리는 점점 더 구조나 의무 사항·구속 등을 정하기가 힘들어질 것인데, 왜냐하면 모든 시민들이 자연스럽게 다른 지역에서 일어나는 것들과 비교하면서 그 결과에 따라 행동하고, 자신의 삶을 조직할 수 있을 것이기 때문입니다. 사람들은 당파적인 친화력에 의한 세계적인 규모의 모임으로 나누어질 것이고, 보다 위대한 개방적 정신에 힘입어 오늘날에 비해 훨씬 유동적이 될 것입니다.

FORESEEN: 새로운 테크놀로지 시장의 미래는 어떠합니까? 당신은 그것이 어떻게 발전하고, 어떤 구조를 이루어 나갈 것으로 보십니까? 주요 요인들은 어떤 것들일까요?

알랭 드 뿌질락: 세 가지 큰 주역들이 있습니다. 정보처리 산업과 소프트웨어, 텔레비전과 콘텐츠, 그리고 텔레콤이 그것입니다. 우리는 어떤 것이 주도권을 차지할 것인지에 대해 예견하기

는 힘이 듭니다. 하지만 개인적으로 내 직감은 인터랙티브 텔레비전이 가전 제품 시장을 석권할 것을 예감하고 있습니다. 내가 틀릴 수도 있습니다. 하지만 텔레비전이 인터랙티브 시장에서 컴퓨터보다 더 소비자들의 인기를 끌게 될 것이라는 것에 내기를 걸고 싶습니다. 세번째 분야인 텔레콤도 어쨌든 상위에 있을 것인데, 왜냐하면 나머지 두 가지와 다 연관되어 있기 때문입니다.

하지만 가장 중요한 것은 인터랙티비티에 관한 여러 다른 분야들의 개발을 위해 핵심적인 것은 이 2개의 거대한 분야를 조합하는 것입니다. 또한 그들은 이 새로운 활동 시장에서, 그들의 당연한 몫을 획득하기 위하여 그들끼리 힘을 합쳐 일하게 될 것입니다.

FORESEEN: 당신은 텔레비전 분야에서의 내기에서, 특히 콘텐츠에 대한 내기를 하고 계시군요.

알랭 드 뿌질락: 콘텐츠에 대한 내기인 동시에 테크놀로지에 대한 내기입니다. 왜냐하면 그 두 가지는 다른 한 가지가 없으면 아무것도 소용이 없기 때문입니다.

Canal Satellite와 함께 우리는 이미 인터랙티비티의 세 가지 '플러스'를 경험할 수 있습니다. 즉 영화에서 언어 선택의 자유, 보고 싶은 프로그램을 카드로 선택할 수 있는 자유, 자신이 직접 7개의 카메라에 의해 방송되는 영상들의 연결을 선택하여 스포츠 중계의 재방송을 연출할 수 있는 가능성이 그것입니다. 우리는 시청자에서 자신의 스펙터클을 만드는 배우이자 연출가가 되는 것입니다. 콘텐츠가 없으면 텔레비전도 없고, 테크놀로지가 없으면 인터랙티비티도 없습니다. 나는 우리가 초기 단계에 있다는 것을 알고 있고, 또한 대중적인 전자 제품 상표에 의해 개발된 테크놀로지는 콘텐츠의 제공 가능성을 위해 아직 가야 할 길이 많다는 것을 확신합니다.

FORESEEN: 시장 개발을 위해 새로운 테크놀로지 분야의 주요 요인들에게 어떠한 도전이 있을까요?

알랭 드 뿌질락: 첫번째 도전은 우선 경제적인 것입니다. 소비자들에게 정보를 제공하기 위해 보다 신속하고 간단하며 효과적인 방송을 가능하게 하려면, 막대한 액수의 투자 자금이 필요합니다. 이 분야의 모든 주요 요인들은 서로 관련이 되어 있고, 각자는 자신의 시장을 가지게 될 것입니다. 왜냐하면 우리는 쇼핑을 하고, TV 프로그램을 선택하고, 정보를 얻고, 업무를 처리하기 위해 각자 집에 전화와 텔레비전, 그리고 정보처리 도구를 필요로 하기 때문입니다. 이것은 세계 도처에서 마찬가지입니다.
두번째 도전은 콘텐츠와 관련되는 것입니다. 즉 소비자의 흥미를 자극하기 위한 정보, 기분 전환거리, 교육적인 것, 서비스 등을 만들어 내야 할 것입니다.
아이디어와 혁신·상상력 등과 함께 새로운 서비스의 세계를 창조해 내야 할 것입니다.
콘텐츠의 창조는 인터랙티비티가 탄생시킬 제품과 서비스가 가진 잠재성에 부응하기 위해, 지적이고 창조적인 막대한 자원과 마케팅을 동원하게 될 것입니다.

FORESEEN: 전자 상거래의 전망은 어떠하며, 그것의 발전을 위해 발생 가능한 가속화와 더불어 저해 요인은 무엇이 있을까요?

알랭 드 뿌질락: 전자 상거래는 현대적 상품 판매의 새로운

형태입니다. 그것은 적합하게 맞추어진 논리 계산 조직을 도구로 하여, 아무 중개 없이 소비자에게 모든 상표의 제품을 판매할 수 있는 가능성인 동시에 유통업자들에게 주어진 환상적인 기회로서, 세계 도처의 소비자들과 함께 대화하고, 그들에게 정보를 제공하고, 비교하고, 시험해 볼 수 있도록 해줍니다.

유일하게 정말로 브레이크로 작용할 것은, 기업주들과 유통업자들이 서로에 관해 충분하게 관심을 갖고 있지 않다는 것입니다. 액셀러레이터는 당연히 이 분야에 대한 증가일로에 있는 투자와 테크놀로지의 발전, 그리고 소비자로 하여금 새로운 쇼핑 방법에 대해 적응하게 해줄 커뮤니케이션입니다.

오늘날 프랑스에서 대중들은 아직 그들의 모든 물건을 인터넷을 통해 살 준비가 심리적으로 되어 있지 않습니다. 우편을 통한 구매가 이미 전자 구매를 준비해 왔고, 책이나 음반은 통신 판매가 매우 용이하게 이루어지고 있는데도 불구하고, 사람들은 기존 상거래의 손쉬운 형태에 아직은 익숙한 상태입니다. 심리적인 수용, 상품 선택의 새로운 방식에 대한 학습, 새로운 상업 형태에 대한 신뢰 획득은 정말로 생산자들과 유통업자들이 전자 상거래를 활성화시키기 위해 고려해야 할 세 가지 요소입니다.

오늘날 진정한 제동은 소비자가 이 새로운 테크놀로지에 대해 가지고 있는 특유의 심리적 주저함을 진전시키고, 제거하는 데에 어려움이 있다는 사실입니다. 전자 상거래를 발전시키기 위해서는 우선 장비와 교육, 그리고 커뮤니케이션이 필요합니다.

FORESEEN: 전자 상거래는 어떤 점에서 커뮤니케이션 상품을 변화시킬까요?

알랭 드 뿌질락: 전자 상거래는 커뮤니케이션이 대중과의 직

접적인 관계를 활성화하는 수단을 발굴하고 특권화하는 점에서 커뮤니케이션을 변화시킬 것입니다. 우리는 이러한 기준에 대한 개인화된 소비자들의 바람과 기대·요구·감정·반응 등을 구체적이고 중앙 집중화된 방식으로 알게 될 것입니다. 이러한 인식은 지속적인 대화에 의해 이루어질 것입니다. 반면 현재는 이러한 대화가 판매 점원의 단계에서만 그치기 때문에, 기업과 소비자간의 직접적인 대화가 이루어지지 않고 있습니다. 이것은 소비자에게 이득이 될 매우 큰 변화인데, 왜냐하면 그들의 제품에 대한 요구가 많이 반영될 것이고, 특히 서비스도 함께 개선될 것이기 때문입니다. 커뮤니케이션은 이러한 진전을 고려하게 될 것입니다. 커뮤니케이션은 개별화된 과녁을 위한 메시지들을 세련되게 다듬어야 할 것이고, 고객과 관련된 강력한 부가적인 가치를 지닌 이미지 콘텐츠를 구축해야 할 것입니다. 이 고객을 위해 가장 흥미로운 주축은 무엇인가, 그에게 적합한 가격과 테크놀로지·디자인은 어떤 것인가 등을 생각해야 합니다. 따라서 커뮤니케이션은 잠재적인 고객들의 특별한 흥미나 주축으로 향해 있어야 할 것입니다. 커뮤니케이션은 개인적이고 인터랙티브한 소비자들을 사로잡을 수 있어야 하고, 그를 안내하고, 그와 대화하며, 결국에는 제품을 판매할 수 있어야 합니다.

커뮤니케이션의 혼합 상태, 즉 항상 사용되는 TV 광고·포스터·라디오나 안내 등에서 직접적이고 개인적인 관계를 위한 보충적인 접근이 생겨날 것입니다. 왜냐하면 고객을 단골로 유지하는 것이 미래에 주요 관건이 될 것이기 때문입니다.

커뮤니케이션은 또한 새로운 테크놀로지가 묘사적이고 지속성을 가능케 하는 커뮤니케이션일 것을 고려하고 있습니다. 그러한 커뮤니케이션에서 우리는 상품의 비교적인 이점을 개발할 수 있고, 개인적인 검색에 의해 가능해진 심층적인 표현에 힘입어 그 물품들의 질에 대한 보여 주기를 실행할 수 있습니다.

FORESEEN: 광고주들은 이러한 변화에 만전을 기하고 있나요?

알랭 드 뿌질락: 일부는 그렇습니다. 가장 호기심 많은 사람들 중에 자크 세겔라가 있습니다. 하지만 모든 광고주들은 기술적인 수단이 소비자에게 조장할 새로운 요구 조건들과 함께 진전할 것입니다. 그들은 이러한 새로운 가능성 속에서 혁신적이고, 보다 잘 소통하려는 의지를 가진 기업들과 함께 진보해 나갈 것입니다. 새로운 테크놀로지는 소비자들을 다루고, 그들에게 자신이 만든 상품을 판매하고, 보다 좋은 커뮤니케이션을 제공하기 위해 생산자들과 유통업자들에게 새로운 수단들을 부여할 것입니다. 광고업자들도 같이 동반하여야 하고, 광고주들은 이러한 새로운 가능성을 위해 앞장서야 합니다. Havas Advertising은 Connect World와 연계하여 시도하고 있고, 이 회사는 우리 회사의 3대 주요 고객 중의 하나입니다. 우리는 새로운 테크놀로지 시장의 3대 주역들과 연계할 수 있는 행운을 가졌습니다.

FORESEEN: 인터랙티비티가 가능하게 하는 새로운 표현 방식에는 어떤 것이 있나요?

알랭 드 뿌질락: 개인적인 표현에 있어서, Canal Satellite의 포뮬라원 경기와 축구 경기의 예를 들자면 우리는 시청자에서 연출가로 변화하게 됩니다. 이것은 매우 큰 변화인데, 왜냐하면 나 자신이 내가 보고 있는 경기에서 어떤 역할을 수행하고 있다는 인상을 받기 때문입니다.
소비자의 표현에 있어서는, 소비자들이 제조자에 대해 자신의

요구 사항을 보다 잘 표현할 수 있을 것이고, 다른 공급들과 비교해 가면서 자신의 선택을 결정할 수 있을 것입니다.

직업적인 용어에서 대중들의 매우 강한 분열 때문에, 그리고 각기 다른 흥미거리에 따라 형성될 집단에 의해 우리는 각각 상이한 커뮤니케이션을 실행하도록 해야 할 것이고, 그것에서 나오는 관심과 효율성을 무엇보다도 고려해야 하며, 표지에 대해 추론하는 것도 필요할 것입니다. 총칭적인 커뮤니케이션 대신 우리는 점점 사회문화적 프로필과, 소비자들의 관심 사항에 보다 적응한 특수한 커뮤니케이션을 얻게 될 것입니다.

또한 소비자의 개인화 가능성을 이유로, 우리는 광고에서 ‘일 대 일’ 마케팅으로 나아가고 있습니다. 즉 그것을 개별화된 커뮤니케이션이라 합니다.

FORESEEN : 텔레비전에 있어서 인터랙티비티의 관건은 무엇입니까? 당신은 인터랙티브 텔레비전의 소비자들을 어떻게 보십니까? 텔레비전의 소비자들은 우선 행복하고 수동적인 시청자가 아닐까요? 그들이 정말 쌍방향 시청자가 되고 싶어할까요? 만약 그렇다면 어떤 점에서 그러하고, 왜 그럴까요?

알랭 드 뿌질락: 이미 **Canal Satellite**에는 80만 가입자가, **TPS**에는 30만이, **Absat**에는 5만의 가입자가 있습니다. 따라서 프랑스에는 이미 1백50만 가정의 텔레비전 사용자들이 점점 더 쌍방향화되어 가고 있고, 편성표상의 프로그램을 자기 마음대로 선택하고, 게임에 참여하며, 이벤트의 연출에 참가하고 있습니다. 수동적인 TV 시청자에서 능동적인 시청자가 되었으며, 아울러 그의 흥미 분야에 따라 한층 심화되어 그의 관심을 더욱 끌 넓은 방송 프로그램의 스펙트럼을 제공받게 될 것입니다. 이것이 바

로 현재 태어나고 있는 새로운 텔레비전인 것입니다. 우리는 아직 텔레비전이 미래에 제안할 것들의 다양성과, 그것이 조장할 행태의 변화에 대해 인식하지 못하고 있습니다.

그것은 콘텐츠 개발자들에게 있어서는 무한한 작업장입니다. 그들의 제안이 가지는 질과 일관성에 의해 시청자들은 흥미와 동기를 가진 쌍방향 시청자가 될 것입니다. 이미 포뮬라원의 경기 방송에서 Canal Satellite의 15만 가정이 각각 그들이 원하는 방식대로 경기를 지정하여 시청한 것처럼 말입니다. 또한 위성 방송 채널들간의 비교는 인터랙티브 상품의 공급에 의해 실행될 것이고, 그에 따라 소비자들의 선택도 이루어질 것입니다.

FORESEEN: 정치 분야에서 새로운 테크놀로지가 가져올 것은 무엇입니까? 그것은 민주주의를 위한 새로운 시대가 되는 걸까요? 그렇다면 어떤 점에서 그렇습니까?

알랭 드 뿌질락: 보다 많은 자유를 가져오는 데 기여하는 모든 것은 민주주의를 위한 새로운 시대를 위한 것입니다. 대중에게 열려 있는 정보의 풍요로움은 민주주의의 보조 역할을 합니다. 그것은 다른 곳에서는 어떤 일이 일어나는가에 대해 알게 해주고, 우리가 관심 있는 문제들을 깊이 있게 살펴볼 수 있게 하며, 모든 경계를 무너뜨립니다. 자신의 여가 생활과 상업적인 차원에서 쌍방향적일 수 있다는 것을 배운 개인은, 자신의 정치 생활에서도 점점 더 쌍방향화되기를 바랄 것입니다.

내 생각에 발전은 열린 정신과 경계를 파괴하는 것에 있습니다. 검열과 반대되는 것을 바라는 각 개인에 의해 만들어진 세상 속에서, 유일하고 거대한 진짜 위험은 검열을 회복하려 하는 여러 가지 의도들로부터 기인할 것입니다.

FORESEEN: 일 대 일 마케팅이 상거래와 커뮤니케이션을 어떻게 변화시킬까요?

알랭 드 뿌질락: 일 대 일 마케팅은 커뮤니케이션을 완전히 변화시킬 것입니다. 이러한 수단에 의해서 소비자들은 그들의 바람과 요구 사항·필요를 표현할 것입니다. 생산자나 유통업자와 소비자가 나눈 대화로 인해 소비자의 필요는 목록화되고, 그의 일상 중 어느 한 시점에 각 소비자는 메시지를 받게 됩니다. 따라서 일 대 일 마케팅은 소비자들에게 다가가는 방식을 완전히 바꾸게 될 것입니다. 그것은 총칭적인 방식에 의해서가 아니라 소비자의 기대와 필요·결핍과 관련된 매우 특수한 방식에 의해서, 그의 기대와 필요·결핍을 인식한 후에 이루어집니다. 따라서 일 대 일 마케팅은 점점 더 강력한 확신 관계를 형성하게 될 것입니다.

이것은 데이터 베이스의 정보처리 관리 덕분에 가능하게 될 것입니다.

FORESEEN: 멀티미디어가 당신의 일을 어떻게 변화시켰습니까? 광고는 변함없이 당신 일의 주춧돌이 될까요?

알랭 드 뿌질락: 프랑스의 제1채널에서 프라임 타임에 30퍼센트의 시청률을 기록하고 있는 오늘날의 대중 광고는, 그 끝을 피할 수 없을 것입니다.

미래에는 크게 두 가지 형태의 광고가 존재할 것입니다. 첫째는 대중 광고로, 흥미 중심에 따라 재결성된 공동체에 영향을 미치고, 시장의 5퍼센트 내지 6퍼센트를 차지할 것입니다. 둘째는 '일 대 일' 커뮤니케이션으로, 데이터 베이스와 적절한 시기에 전해지는 개인적인 메시지, 그리고 소비자들에게 보다 개인화되고 보다 완벽한 양질의 서비스를 제공하기 위해, 소비자들을 위해 선택되는 매체에 의해 형성됩니다.

그러므로 커뮤니케이션은 세 가지 큰 활동으로 나누어집니다. 첫번째는 대중 커뮤니케이션으로 불리는 것으로, 실제로는 총칭적인 프로그램에 있어서 당파적인 성격을 띱니다. 두번째는 웹이나 우편함·인터랙티브 TV를 통한 개별화된 메시지이고, 마지막으로는 콘텐츠의 창조, 즉 각각의 분야를 위한 특수한 창조적 아이디어가 있습니다.

FORESEEN: 현재 생겨나고 있는 커뮤니케이션 분야의 새로운 직종에는 어떤 것이 있습니까?

알랭 드 뿌질락: 인터랙티비티의 특성을 지닌 직종들입니다. 그 직종들에게 있어서 커뮤니케이션은 개별화된 메시지의 창조에 적응할 수 있어야 하고, 효율성에 따라야 합니다. 이것은 대화에 의해 소비자에게 다가가는 새로운 방식이고, 그것은 소비자의 고유한 기준에 대해 소비자와 접촉하는 것이고, 아울러 메시지의 효율성을 측정하는 새로운 방식입니다.

현재의 두 가지 주요 직종이 발달할 것인데, 그것은 미디어와 창조에 관련된 직종입니다. 즉 보다 효율적인 새로운 테크놀로지에 의해 제공되는 새로운 가능성에 잘 적응될 메시지를 전달할 수 있게 해주는 직업을 의미합니다.

FORESEEN: 광고주들을 대체하는 대화의 지휘자가 생겨날까요?

알랭 드 뿌질락: 각 개인의 소비 리듬과 필요에 따라 전체 시

장을 지휘할 연결자가 생겨날 것입니다. 그들은 필시 매체 기획
자나 전략가보다 우위에 서게 될 연결자들입니다. 그들이 미래
의 커뮤니케이션에서 조직을 이끌어 갈 리더가 될 것입니다.

또한 상표와 대중 사이의 관계나, 창조적인 시나리오의 총체
에 대한 생각을 보유한 시나리오 작가라는 직업이 생겨날 것입
니다. 이러한 시나리오의 후면에는 테크놀로지가 개인적으로 개
별화된 커뮤니케이션을 발생하게 해줄 것입니다.

FORESEEN: 결론적으로, 이 새로운 직종에 발을 들여 놓고 싶
어하는 젊은이들에게 어떤 조언을 해주고 싶습니까? 성공하기 위해
갖추어야 할 자질은 무엇입니까?

알랭 드 뿌질락: 첫째로 갖추어야 할 자질은, 호기심과 개방
적인 정신이라는 인간적 자질입니다. 하지만 점점 더 전문 정신
이 필요하게 될 것입니다. 왜냐하면 인터랙티비티가 분석을 심
화시키게 해줄 것이기 때문입니다. 소비자와의 사이에 형성된 관
계는 정확하고 매력적인 창조와, 적합한 방법을 가능하게 하기
위해 많은 지적 엄격성을 필요로 하기 때문입니다.

마지막으로 갖추어야 할 자질은, 어떤 것도 불가능한 것은 없
다고 생각하는 능력이며, 새로운 커뮤니케이션 테크놀로지에 의
해 인간은 모든 것을 변화시킬 수 있다고 생각하는 것입니다. 나
는 젊은이들에게 말하겠습니다. "여러분은 놀라운 행운의 소유
자들입니다. 왜냐하면 새로운 테크놀로지는 우리 세대에는 허락
되지 않았던, 보다 창조적이고 보다 효율적으로 되는 것을 가능
하게 해주기 때문입니다. 또한 여러분은 새로운 창조적인 자유
를 가질 것이고, 아울러 여러분이 행할 행동의 효과에 대해 보
다 잘 평가할 수 있게 될 것이기 때문입니다."

알랭 드 뿌질락 리미

역 주

1) CCA(Centre de Communication Avancée; 선진 커뮤니케이션 센터):
Havas Advertising 그룹에 의해 설립된 연구소로서, 새로운 사회학적 추
세들에 대해 관찰하고 그에 따른 새로운 사회 모델을 제시하는 데에 그
목적이 있다.

2) EHESS(École des Hautes Études en Sciences Sociales; 사회과학 고
등연구원): 프랑스 교육부 산하의 고등교육 기관으로, 사회과학 연구와
사회과학이 인간 생활과 자연과학과 갖는 연관성에 대해 연구하는 것을
목적으로 한다.

3) interactivité는 짐작하다시피 inter(중간, 상호의 뜻)와 activité(→
actif; 활동, 활동력)가 합쳐진 단어이다. 따라서 이 두 단어로 그 의미를
생각해 보면, '상호 작용성' 정도로 해석할 수 있을 것이다. 사전(《Le
Nouveau Petit Robert I》)에 따르면 interactivité는 '화면을 중개로 하여
정보처리 시스템이나 기계를 이용한 대화 활동'으로 풀이되고 있다. 이
책에서 interactivité의 의미는 상호 작용성, 대화형, 쌍방향성 등으로 보
다 광의적으로 사용된다. 요즘 대중 매체를 통해 이 단어를 접할 때, 대
부분 원어를 그대로 쓰고 있음을 알 수 있다. 여기에서도 프랑스어의
interactivité와 형용사형인 interactif/interactive를 영어 발음 그대로 '인
터랙티비티'와 '인터랙티브'로 번역하여도 큰 무리가 없을 것 같아 그
리하였다. 단 형용사형은 문맥에 따라 '상호 작용적인' 혹은 '쌍방향의'
로 해석한 부분도 있음을 밝힌다. ·

4) Marshall McLuhan(1911-1980): 캐나다인. 케임브리지대학교 영문
학 박사·사회학자. "매체가 곧 메시지이다(Le médium est le message)"
라는 말과 함께, 미디어가 인간의 감각 기관을 시간적·공간적으로 확
장하고 연결하는 것으로 보았다. 여기에서 '메시지라기보다는 마사지'
라는 말의 의미는, 대중 매체를 통한 메시지가 그것을 보고 듣는 대중
의 감각 기관을 마사지하여 적당한 상태로 받아들이게 한다는 뜻이다.

5) Mana: 원시 종교의 초자연적인 힘.

6) Big Brother: 조지 오웰의 소설 《1984년》에 나오는 절대적이고 전제적인 통치자의 존재를 지칭한다.

7) Le site du Rond-Piont de la Défense: 1958년 파리 근교에 조성된 주거 지역. 도시화 계획에 의해 조성된 비즈니스 지구로 더 유명하다. 보행자에게만 제한된 광장의 서쪽 끝에 있는 백색 대리석으로 된 거대한 아치형 구조물은 라 데팡스 지구의 장관을 이룬다.

8) INSEE(Institut National de la Statistique et des Études Économiques).

9) Jean-Baptiste Say(1767-1832): 프랑스 경제학자이자 기업가. 애덤 스미스의 이론에 영향을 받았다. 그의 경제적 자유주의는 매우 낙관적인 성향을 띤다.

10) Euro RSCG: Havas Advertising 그룹의 국제 파트 전문 회사. 주로 커뮤니케이션과 광고 분야를 담당하고 있다. 미국과 유럽 전역에 지사를 두고 있다.

11) Canal Satellite: 프랑스 제1의 위성 방송국으로, 1996년에 디지털 시스템을 완비하였다. 현재 5백만이 넘는 프랑스 가정에 전세계의 프로그램들을 송신하고 있으며, 여러 가지 인터랙티브 서비스도 제공하고 있다.

12) Media-highway: Canal Satellite의 위성 방송을 위한 인터랙티브 엔진에 붙인 이름.

13) Eurosport : 스포츠 전문 채널.

14) Canal Jimmy: 종교물. 아메리카와 아프리카 프로그램 방영 채널.

15) TPS(Télévision par Satellite): 프랑스의 위성 텔레비전 방송국으로, Canal Satellite와 경쟁 관계에 있다.

16) MCM: 음악 전문 채널.

17) router: 대규모 네트워크에 사용되는 초지능형 브리지와 같은 것. 브리지는 양쪽 컴퓨터의 주소를 모두 알고 있고, 메시지를 적절하게 전송한다. 라우터는 그보다 더 많은 네트워크 정보를 알고 있고, 네트워크에 메시지를 보낼 때 최적의 경로를 결정할 수 있다.

18) RTC(Réseaux Téléphoniques Courantes): 일반 전화선.

19) ATM(Asynchronous Transfer Mode(mode de transmission asyn-

chrone)) : 멀티미디어 데이터의 실시간 전송을 위해 쓰이는 광대역 통신 네트워크를 위한 고성능 변환 기술.

20) Microsoft Encarta 98 Encyclopedia Deluxe Edition.

21) ZEP(Zone d'Education Prioritaire) : 경제적으로 낮은 수준의 하층민과 외국인 자녀를 위한 우선 교육 지역.

22) NTIC(Nouvelles Technologies de l'Information de la Communication) : 커뮤니케이션과 정보 분야에서 새로운 테크놀로지를 사용하여 국가나 기업 내에서 인터넷·인트라넷·엑스트라넷 등을 가능하게 해주는 시스템을 칭한다.

23) PME: CGPME(Confédération Générale des Petites et Moyennes Entreprises)의 약어. 중소기업 총연합회.

24) Cegetel: 프랑스 텔레커뮤니케이션 분야의 제1민영 통신 회사로, 1996년 Vivendi 그룹에 의해 설립되었다.

25) SFR(Société Française de Radiocommunication) : Cegetel 산하의 무선 통신 분야를 관장하는 회사. 이동 전화와 텔레커뮤니케이션 분야에 관련하고 있다.

26) le 7: Cegetel 산하의 조직 중 하나로, SFR이 이동 통신 분야를 맡고 있다면, 'le 7'는 유선 통신 분야를 관장하고 있다.

27) Compuserve: 역시 Cegetel 산하의 회사로, 인터넷 분야를 맡고 있다.

28) VPC(Vente par correspondance) : 통신 판매.

29) Fnac: 프랑스의 서적·음반·문구의 대형 체인점. 대부분의 대도시에서는 프낙을 찾아볼 수 있다.

30) Firewall: 인터넷과 연결된 컴퓨터에 인터넷과 연결된 외부 컴퓨터가 접속하는 것을 방지해 주는 네트워크 구성.

31) Canal+: 프랑스 제1의 유료 케이블 방송국.

32) Planète: Canal+의 다큐멘터리 전용 프로그램.

33) Planète Forum: Canal+의 토론 프로그램. 논쟁적이고 피상적인 효과를 떠나 분석하고 설명하며, 이해하기 위한 진정한 대화를 통해 토론을 만들어 내는 것이 이 프로그램의 컨셉이다.

34) Issy-les-Moulineaux: 프랑스 중북부 일드프랑스 지방 오드센 주

에 있는 도시. 파리 근교. 인구 5만 5천 명.

35) CNET(Centre National d'Études de Télécommunications).

36) Nefertari : 이집트의 왕비. 람세스 2세의 첫 부인. 아프리카 동북부 누비아의 아부심벨 신전 중에서도 그녀의 무덤은 특히 아름답기로 유명하다.

37) Jules Ferry(1832-1893) : 프랑스 정치가. 수상을 두 차례 지냈다. 수상 재임시, 교육을 교회에서 분리시키고, 초등학교의 무상 의무교육화를 이루고, 여학생들에게 중등교육의 기회를 부여하였다.

공나리

한국외국어대학교 불어교육과 졸업
한국외국어대학교 대학원 불어과 졸업
현재 동대학원 박사과정
대전대학교·중부대학교 출강

현대신서
68

호모사피엔스에서 인터랙티브 인간으로

초판발행: 2001년 7월 10일

지은이: 포르셍연구소
옮긴이: 공나리
펴낸이: 辛成大
펴낸곳: 東文選
제10-64호, 78. 12. 16 등록
110-300 서울 종로구 관훈동 74번지
전화: 737-2795
팩스: 723-4518

ISBN 89-8038-156-5 04300
ISBN 89-8038-050-X (현대신서)

【東文選 現代新書】

1	21세기를 위한 새로운 엘리트	FORESEEN 연구소 / 김경현	7,000원
2	의지, 의무, 자유 — 주제별 논술	L. 밀러 / 이대희	6,000원
3	사유의 패배	A. 핑켈크로트 / 주태환	7,000원
4	문학이론	J. 컬러 / 이은경 · 임옥희	7,000원
5	불교란 무엇인가	D. 키언 / 고길환	6,000원
6	유대교란 무엇인가	N. 솔로몬 / 최창모	6,000원
7	20세기 프랑스철학	E. 매슈스 / 김종갑	8,000원
8	강의에 대한 강의	P. 부르디외 / 현택수	6,000원
9	텔레비전에 대하여	P. 부르디외 / 현택수	7,000원
10	고고학이란 무엇인가	P. 반 / 박범수	근간
11	우리는 무엇을 아는가	T. 나겔 / 오영미	5,000원
12	에쁘롱 — 니체의 문체들	J. 데리다 / 김다은	7,000원
13	히스테리 사례분석	S. 프로이트 / 태혜숙	7,000원
14	사랑의 지혜	A. 핑켈크로트 / 권유현	6,000원
15	일반미학	R. 카이유와 / 이경자	6,000원
16	본다는 것의 의미	J. 버거 / 박범수	10,000원
17	일본영화사	M. 테시에 / 최은미	7,000원
18	청소년을 위한 철학교실	A. 자카르 / 장혜영	7,000원
19	미술사학 입문	M. 포인턴 / 박범수	8,000원
20	클래식	M. 비어드 · J. 헨더슨 / 박범수	6,000원
21	정치란 무엇인가	K. 미노그 / 이정철	6,000원
22	이미지의 폭력	O. 몽젱 / 이은민	8,000원
23	청소년을 위한 경제학교실	J. C. 드루엥 / 조은미	6,000원
24	순진함의 유혹[메디시스賞 수상작]	P. 브뤼크네르 / 김웅권	9,000원
25	청소년을 위한 이야기 경제학	A. 푸르상 / 이은민	8,000원
26	부르디외 사회학 입문	P. 보네위츠 / 문경자	7,000원
27	돈은 하늘에서 떨어지지 않는다	K. 아른트 / 유영미	6,000원
28	상상력의 세계사	R. 보이아 / 김웅권	9,000원
29	지식을 교환하는 새로운 기술	A. 벵토릴라 外 / 김혜경	6,000원
30	니체 읽기	R. 비어즈워스 / 김웅권	6,000원
31	노동, 교환, 기술 — 주제별 논술	B. 데코사 / 신은영	6,000원
32	미국만들기	R. 로티 / 임옥희	근간
33	연극의 이해	A. 쿠프리 / 장혜영	8,000원
34	라틴문학의 이해	J. 가야르 / 김교신	8,000원
35	여성적 가치의 선택	FORESEEN연구소 / 문신원	7,000원
36	동양과 서양 사이	L. 이리가라이 / 이은민	7,000원
37	영화와 문학	R. 리처드슨 / 이형식	8,000원
38	분류하기의 유혹 — 생각하기와 조직하기	G. 비뇨 / 임기대	7,000원
39	사실주의 문학의 이해	G. 라루 / 조성애	8,000원
40	윤리학 — 악에 대한 의식에 관하여	A. 바디우 / 이종영	근간
41	武士道란 무엇인가	新渡戶稻造 / 심우성	근간

84 조와(弔蛙)	金敎臣 / 민혜숙	근간
85 역사적 관점에서 본 시네마	J. -L. 뢰트라 / 곽노경	근간
86 욕망에 대하여	M. 슈벨 / 서민원	근간
87 아인슈타인 최대의 실수	D. 골드스미스 / 박범수	근간
88 철학 연습	M. 아롱델-로오 / 최은영	근간
89 삶의 기쁨들	D. 노게 / 이은민	6,000원
90 주식이냐 삶이냐	P. 라바르트 · B. 마리 / 권종분	근간
91 한국문화론	趙興胤	근간
92 현대연극미학	M. -A. 샤르보니에 / 홍지화	근간
93 느리게 산다는 것의 의미 · 2	P. 쌍소 / 김주경	7,000원
94 진정한 모럴은 모럴을 비웃는다	A. 에슈고엔 / 김웅권	근간
95 제7의 봉인 〔시놉시스/비평연구〕	E. 그랑조르주 / 이은민	근간
96 근원적 열정	L. 이리가라이 / 박정오	근간
97 라캉, 주체 개념의 형성	B. 오질비 / 김 석	근간

【東文選 文藝新書】

1 저주받은 詩人들	A. 뻬이르 / 최수철· 김종호	개정근간
2 민속문화론서설	沈雨晟	40,000원
3 인형극의 기술	A. 훼도토프 / 沈雨晟	8,000원
4 전위연극론	J. 로스 에반스 / 沈雨晟	12,000원
5 남사당패연구	沈雨晟	16,000원
6 현대영미희곡선(전4권)	N. 코워드 外 / 李辰洙	절판
7 행위예술	L. 골드버그 / 沈雨晟	절판
8 문예미학	蔡 儀 / 姜慶鎬	절판
9 神의 起源	何 新 / 洪 熹	16,000원
10 중국예술정신	徐復觀 / 權德周	24,000원
11 中國古代書史	錢存訓 / 金允子	14,000원
12 이미지 — 시각과 미디어	J. 버거 / 편집부	12,000원
13 연극의 역사	P. 하트놀 / 沈雨晟	절판
14 詩 論	朱光潛 / 鄭相泓	9,000원
15 탄트라	A. 무케르지 / 金龜山	10,000원
16 조선민족무용기본	최승희	15,000원
17 몽고문화사	D. 마이달 / 金龜山	8,000원
18 신화 미술 제사	張光直 / 李 徹	10,000원
19 아시아 무용의 인류학	宮尾慈良 / 沈雨晟	절판
20 아시아 민족음악순례	藤井知昭 / 沈雨晟	5,000원
21 華夏美學	李澤厚 / 權 瑚	15,000원
22 道	張立文 / 權 瑚	18,000원
23 朝鮮의 占卜과 豫言	村山智順 / 金禧慶	15,000원
24 원시미술	L. 아담 / 金仁煥	16,000원
25 朝鮮民俗誌	秋葉隆 / 沈雨晟	12,000원
26 神話의 이미지	J. 캠벨 / 扈承喜	근간

27	原始佛敎	中村元 / 鄭泰爀	8,000원
28	朝鮮女俗考	李能和 / 金尙憶	24,000원
29	朝鮮解語花史(조선기생사)	李能和 / 李在崑	25,000원
30	조선창극사	鄭魯湜	7,000원
31	동양회화미학	崔炳植	9,000원
32	性과 결혼의 민족학	和田正平 / 沈雨晟	9,000원
33	農漁俗談辭典	宋在璇	12,000원
34	朝鮮의 鬼神	村山智順 / 金禧慶	12,000원
35	道敎와 中國文化	葛兆光 / 沈揆昊	15,000원
36	禪宗과 中國文化	葛兆光 / 鄭相泓·任炳權	8,000원
37	오페라의 역사	L. 오레이 / 류연희	절판
38	인도종교미술	A. 무케르지 / 崔炳植	14,000원
39	힌두교의 그림언어	안넬리제 外 / 全在星	9,000원
40	중국고대사회	許進雄 / 洪 熹	22,000원
41	중국문화개론	李宗桂 / 李宰碩	15,000원
42	龍鳳文化源流	王大有 / 林東錫	17,000원
43	甲骨學通論	王宇信 / 李宰錫	근간
44	朝鮮巫俗考	李能和 / 李在崑	12,000원
45	미술과 페미니즘	N. 부루드 外 / 扈承喜	9,000원
46	아프리카미술	P. 윌레뜨 / 崔炳植	절판
47	美의 歷程	李澤厚 / 尹壽榮	22,000원
48	曼茶羅의 神들	立川武藏 / 金龜山	절판
49	朝鮮歲時記	洪錫謨 外/李錫浩	30,000원
50	하 상	蘇曉康 外 / 洪 熹	절판
51	武藝圖譜通志 實技解題	正 祖 / 沈雨晟·金光錫	15,000원
52	古文字學첫걸음	李學勤 / 河永三	14,000원
53	體育美學	胡小明 / 閔永淑	10,000원
54	아시아 美術의 再發見	崔炳植	9,000원
55	曆과 占의 科學	永田久 / 沈雨晟	8,000원
56	中國小學史	胡奇光 / 李宰碩	20,000원
57	中國甲骨學史	吳浩坤 外 / 梁東淑	근간
58	꿈의 철학	劉文英 / 河永三	22,000원
59	女神들의 인도	立川武藏 / 金龜山	13,000원
60	性의 역사	J. L. 플랑드렝 / 편집부	18,000원
61	쉬르섹슈얼리티	W. 챠드윅 / 편집부	10,000원
62	여성속담사전	宋在璇	18,000원
63	박재서희곡선	朴栽緖	10,000원
64	東北民族源流	孫進己 / 林東錫	13,000원
65	朝鮮巫俗의 硏究(상·하)	赤松智城·秋葉隆 / 沈雨晟	28,000원
66	中國文學 속의 孤獨感	斯波六郎 / 尹壽榮	8,000원
67	한국사회주의 연극운동사	李康列	8,000원
68	스포츠인류학	K. 블랑챠드 外 / 박기동 外	12,000원

111	질병의 기원	T. 매큐언 / 서 일 · 박종연	12,000원
112	과학과 젠더	E. F. 켈러 / 민경숙 · 이현주	10,000원
113	물질문명 · 경제 · 자본주의	F. 브로델 / 이문숙 外	절판
114	이탈리아인 태고의 지혜	G. 비코 / 李源斗	8,000원
115	中國武俠史	陳 山 / 姜鳳求	18,000원
116	공포의 권력	J. 크리스테바 / 서민원	근간
117	주색잡기속담사전	宋在璇	15,000원
118	죽음 앞에 선 인간(상 · 하)	P. 아리에스 / 劉仙子	각권 8,000원
119	철학에 대하여	L. 알튀세르 / 서관모 · 백승욱	12,000원
120	다른 곳	J. 데리다 / 김다은 · 이혜지	10,000원
121	문학비평방법론	D. 베르제 外 / 민혜숙	12,000원
122	자기의 테크놀로지	M. 푸코 / 이희원	12,000원
123	새로운 학문	G. 비코 / 李源斗	22,000원
124	천재와 광기	P. 브르노 / 김응권	13,000원
125	중국은사문화	馬 華 · 陳正宏 / 강경범 · 천현경	12,000원
126	푸코와 페미니즘	C. 라마자노글루 外 / 최 영 外	16,000원
127	역사주의	P. 해밀턴 / 임옥희	12,000원
128	中國書藝美學	宋 民 / 郭魯鳳	16,000원
129	죽음의 역사	P. 아리에스 / 이종민	13,000원
130	돈속담사전	宋在璇 편	15,000원
131	동양극장과 연극인들	김영무	15,000원
132	生育神과 性巫術	宋兆麟 / 洪 熹	20,000원
133	미학의 핵심	M. M. 이턴 / 유호전	14,000원
134	전사와 농민	J. 뒤비 / 최생열	18,000원
135	여성의 상태	N. 에니크 / 서민원	22,000원
136	중세의 지식인들	J. 르 고프 / 최애리	18,000원
137	구조주의의 역사(전4권)	F. 도스 / 이봉지 外	각권 13,000원
138	글쓰기의 문제해결전략	L. 플라워 / 원진숙 · 황정현	20,000원
139	음식속담사전	宋在璇 편	16,000원
140	고전수필개론	權 瑚	16,000원
141	예술의 규칙	P. 부르디외 / 하태환	23,000원
142	"사회를 보호해야 한다"	M. 푸코 / 박정자	20,000원
143	페미니즘사전	L. 터틀 / 호승희 · 유혜련	26,000원
144	여성심벌사전	B. G. 워커 / 정소영	근간
145	모데르니테 모데르니테	H. 메쇼닉 / 김다은	20,000원
146	눈물의 역사	A. 벵상뷔포 / 김자경	18,000원
147	모더니티입문	H. 르페브르 / 이종민	24,000원
148	재생산	P. 부르디외 / 이상호	18,000원
149	종교철학의 핵심	W. J. 웨인라이트 / 김희수	18,000원
150	기호와 몽상	A. 시몽 / 박형섭	22,000원
151	융분석비평사전	A. 새뮤얼 外 / 민혜숙	16,000원
152	운보 김기창 예술론연구	최병식	14,000원

69	리조복식도감	리팔찬	절판
70	娼 婦	A. 꼬르벵 / 李宗旼	22,000원
71	조선민요연구	高晶玉	30,000원
72	楚文化史	張正明	근간
73	시간, 욕망 그리고 공포	A. 꼬르벵	근간
74	本國劍	金光錫	40,000원
75	노트와 반노트	E. 이오네스코 / 박형섭	절판
76	朝鮮美術史硏究	尹喜淳	7,000원
77	拳法要訣	金光錫	10,000원
78	艸衣選集	艸衣意恂 / 林鍾旭	14,000원
79	漢語音韻學講義	董少文 / 林東錫	10,000원
80	이오네스코 연극미학	C. 위베르 / 박형섭	9,000원
81	중국문자훈고학사전	全廣鎭 편역	15,000원
82	상말속담사전	宋在璇	10,000원
83	書法論叢	沈尹默 / 郭魯鳳	8,000원
84	침실의 문화사	P. 디비 / 편집부	9,000원
85	禮의 精神	柳肅 / 洪 熹	10,000원
86	조선공예개관	日本民芸協會 편 / 沈雨晟	30,000원
87	性愛의 社會史	J. 솔레 / 李宗旼	18,000원
88	러시아미술사	A. I. 조토프 / 이건수	16,000원
89	中國書藝論文選	郭魯鳳 選譯	25,000원
90	朝鮮美術史	關野貞 / 沈雨晟	근간
91	美術版 탄트라	P. 로슨 / 편집부	8,000원
92	군달리니	A. 무케르지 / 편집부	9,000원
93	카마수트라	바짜야나 / 鄭泰爀	10,000원
94	중국언어학총론	J. 노먼 / 全廣鎭	18,000원
95	運氣學說	任應秋 / 李宰碩	8,000원
96	동물속담사전	宋在璇	20,000원
97	자본주의의 아비투스	P. 부르디외 / 최종철	6,000원
98	宗敎學入門	F. 막스 뮐러 / 金龜山	10,000원
99	변 화	P. 바츨라빅크 外 / 박인철	10,000원
100	우리나라 민속놀이	沈雨晟	15,000원
101	歌訣(중국역대명언경구집)	李宰碩 편역	20,000원
102	아니마와 아니무스	A. 융 / 박해순	8,000원
103	나, 너, 우리	L. 이리가라이 / 박정오	10,000원
104	베케트연극론	M. 푸크레 / 박형섭	8,000원
105	포르노그래피	A. 드워킨 / 유혜련	12,000원
106	셸 링	M. 하이데거 / 최상욱	12,000원
107	프랑수아 비용	宋 勉	18,000원
108	중국서예 80제	郭魯鳳 편역	16,000원
109	性과 미디어	W. B. 키 / 박해순	12,000원
110	中國正史朝鮮列國傳(전2권)	金聲九 편역	120,000원

153 시적 언어의 혁명　　　　　　J. 크리스테바 / 김인환　　　　　　20,000원
154 예술의 위기　　　　　　　　Y. 미쇼 / 하태환　　　　　　　　15,000원
155 프랑스사회사　　　　　　　　G. 뒤프 / 박 단　　　　　　　　16,000원
156 중국문예심리학사　　　　　　劉偉林 / 沈揆昊　　　　　　　　30,000원
157 무지카 프라티카　　　　　　　M. 캐넌 / 김혜중　　　　　　　25,000원
158 불교산책　　　　　　　　　　鄭泰爀　　　　　　　　　　　　20,000원
159 인간과 죽음　　　　　　　　E. 모랭 / 김명숙　　　　　　　23,000원
160 地中海(전5권)　　　　　　　F. 브로델 / 李宗旼　　　　　　　근간
161 漢語文字學史　　　　　　　　黃德實·陳秉新 / 河永三　　　　24,000원
162 글쓰기와 차이　　　　　　　　J. 데리다 / 남수인　　　　　　28,000원
163 朝鮮神事誌　　　　　　　　　李能和 / 李在崑　　　　　　　　근간
164 영국제국주의　　　　　　　　S. C. 스미스 / 이태숙·김종원　16,000원
165 영화서술학　　　　　　　　　A. 고드로·F. 조스트 / 송지연　17,000원
166 미학사전　　　　　　　　　　사사키 겐이치 / 민주식　　　　근간
167 하나이지 않은 성　　　　　　L. 이리가라이 / 이은민　　　　18,000원
168 中國歷代書論　　　　　　　　郭魯鳳 譯註　　　　　　　　　25,000원
169 요가수트라　　　　　　　　　鄭泰爀　　　　　　　　　　　15,000원
170 비정상인들　　　　　　　　　M. 푸코 / 박정자　　　　　　　25,000원
171 미친 진실　　　　　　　　　J. 크리스테바 / 서민원　　　　　근간
172 디스탱숑(상·하)　　　　　　P. 부르디외 / 이종민　　　　　　근간
173 세계의 비참(전3권)　　　　　P. 부르디외 外 / 김주경　　각권 26,000원
174 수묵의 사상과 역사　　　　　崔炳植　　　　　　　　　　　　근간
175 파스칼적 명상　　　　　　　　P. 부르디외 / 김웅권　　　　　근간
176 지방의 계몽주의(전2권)　　　D. 로슈 / 주명철　　　　　　　근간
177 이혼의 역사　　　　　　　　R. 필립스 / 박범수　　　　　　　근간
178 사랑의 단상　　　　　　　　R. 바르트 / 김희영　　　　　　　근간
179 中國書藝理論體系　　　　　　熊秉明 / 郭魯鳳　　　　　　　　근간
180 미술시장과 경영　　　　　　崔炳植　　　　　　　　　　　　16,000원
181 카프카 — 소수적인 문학을 위하여　G. 들뢰즈·F. 가타리 / 이진경　13,000원
182 이미지의 힘 — 영상과 섹슈얼리티　A. 쿤 / 이형식　　　　　　13,000원
183 공간의 시학　　　　　　　　G. 바슐라르 / 곽광수　　　　　근간
184 랑데부 — 이미지와의 만남　　J. 버거 / 임옥희·이은경　　　　근간

【기 타】

▨ 현대의 신화　　　　　　　　R. 바르트 / 이화여대기호학연구소　15,000원
▨ 모드의 체계　　　　　　　　R. 바르트 / 이화여대기호학연구소　18,000원
▨ 텍스트의 즐거움　　　　　　R. 바르트 / 김희영　　　　　　　15,000원
▨ 라신에 관하여　　　　　　　R. 바르트 / 남수인　　　　　　　10,000원
▨ 說 苑 (上·下)　　　　　　　林東錫 譯註　　　　　　　　各권 30,000원
▨ 晏子春秋　　　　　　　　　林東錫 譯註　　　　　　　　　30,000원
▨ 西京雜記　　　　　　　　　林東錫 譯註　　　　　　　　　20,000원
▨ 搜神記 (上·下)　　　　　　林東錫 譯註　　　　　　　　各권 30,000원

■ 경제적 공포〔메디시스賞 수상작〕 V. 포레스테 / 김주경　　　　7,000원
■ 古陶文字徵　　　　　　　　高　明·葛英會　　　　　　　20,000원
■ 古文字類編　　　　　　　　高　明　　　　　　　　　　　　절판
■ 金文編　　　　　　　　　　容　庚　　　　　　　　　　36,000원
■ 그리하여 어느날 사랑이여　　이외수 편　　　　　　　　　6,500원
■ 딸에게 들려 주는 작은 지혜　N. 레흐레이트너 / 양영란　　6,500원
■ 딸에게 들려 주는 작은 철학　R. 시몬 셰퍼 / 안상원　　　7,000원
■ 노력을 대신하는 것은 없다　R. 쉬이 / 유혜련　　　　　　5,000원
■ 미래를 원한다　　　　　　　J. D. 로스네 / 문 선·김덕희　8,500원
■ 사랑의 존재　　　　　　　　한용운　　　　　　　　　　3,000원
■ 산이 높으면 마땅히 우러러볼 일이다　　　유　향 / 임동석　5,000원
■ 서기 1000년과 서기 2000년 그 두려움의 흔적들　J. 뒤비 / 양영란　8,000원
■ 서비스는 유행을 타지 않는다　B. 바게트 / 정소영　　　　5,000원
■ 선종이야기　　　　　　　　홍　희 편저　　　　　　　　8,000원
■ 섬으로 흐르는 역사　　　　김영희　　　　　　　　　10,000원
■ 세계사상　　　　　　　　창간호～3호: 각권 10,000원 / 4호: 14,000원
■ 십이속상도안집　　　　　　편집부　　　　　　　　　　8,000원
■ 어린이 수묵화의 첫걸음(전6권)　趙　陽　　　　　　　42,000원
■ 오늘 다 못다한 말은　　　　이외수 편　　　　　　　　　6,000원
■ 오블라디 오블라다, 인생은 브래지어 위를 흐른다　무라카미 하루키 / 김난주　7,000원
■ 인생은 앞유리를 통해서 보라　B. 바게트 / 박해순　　　　5,000원
■ 잠수복과 나비　　　　　　　J. D. 보비 / 양영란　　　　6,000원
■ 천연기념물이 된 바보　　　최병식　　　　　　　　　　7,800원
■ 原本 武藝圖譜通志　　　　　正祖 命撰　　　　　　　　60,000원
■ 隸字編　　　　　　　　　　洪鈞陶　　　　　　　　　40,000원
■ 테오의 여행 (전5권)　　　　C. 클레망 / 양영란　　　각권 6,000원
■ 한글 설원 (상·중·하)　　　임동석 옮김　　　　　　각권 7,000원
■ 한글 안자춘추　　　　　　　임동석 옮김　　　　　　　　8,000원
■ 한글 수신기 (상·하)　　　　임동석 옮김　　　　　　각권 8,000원

【조병화 작품집】
■ 공존의 이유　　　　　　　　제11시점　　　　　　　　　5,000원
■ 그리운 사람이 있다는 것은　제45시집　　　　　　　　　5,000원
■ 길　　　　　　　　　　　　애송시모음집　　　　　　　10,000원
■ 개구리의 명상　　　　　　　제40시집　　　　　　　　　3,000원
■ 꿈　　　　　　　　　　　　고희기념자선시집　　　　　10,000원
■ 따뜻한 슬픔　　　　　　　　제49시집　　　　　　　　　5,000원
■ 버리고 싶은 유산　　　　　제 1시집　　　　　　　　　3,000원
■ 사랑의 노숙　　　　　　　　애송시집　　　　　　　　　4,000원
■ 사랑의 여백　　　　　　　　애송시화집　　　　　　　　5,000원
■ 사랑이 가기 전에　　　　　제 5시집　　　　　　　　　4,000원
■ 시와 그림　　　　　　　　　애장본시화집　　　　　　　30,000원

■ 아내의 방	제44시집	4,000원
■ 잠 잃은 밤에	제39시집	3,400원
■ 패각의 침실	제 3시집	3,000원
■ 하루만의 위안	제 2시집	3,000원

【이외수 작품집】

■ 겨울나기	창작소설	7,000원
■ 그대에게 던지는 사랑의 그물	에세이	7,000원
■ 꿈꾸는 식물	장편소설	6,000원
■ 내 잠 속에 비 내리는데	에세이	7,000원
■ 들 개	장편소설	7,000원
■ 말더듬이의 겨울수첩	에스프리모음집	7,000원
■ 벽오금학도	장편소설	7,000원
■ 장수하늘소	창작소설	7,000원
■ 칼	장편소설	7,000원
■ 풀꽃 술잔 나비	서정시집	4,000원
■ 황금비늘 (1·2)	장편소설	각권 7,000원

東文選 現代新書 9

텔레비전에 대하여

피에르 부르디외

현택수 옮김

텔레비전으로 방송된 이 두 개의 콜레주 드 프랑스에서의 강의는 명쾌하고 종합적인 형태로 텔레비전 분석을 소개하고 있다. 첫번째 강의는 텔레비전이라는 작은 화면에 가해지는 보이지 않는 검열의 메커니즘을 보여 주고, 텔레비전의 영상과 담론의 인위적 구조를 만드는 비밀들을 보여 주고 있다. 두번째 강의는 저널리즘계의 영상과 담론을 지배하고 있는 텔레비전이 어떻게 서로 다른 영역인 예술·문학·철학·정치·과학의 기능을 깊게 변화시키는지를 설명하고 있다. 이러한 현상은 시청률의 논리를 도입하여 상업성과 대중 선동적 여론의 요구에 복종한 결과이다.

이 책은 프랑스에서 출판되자마자 논쟁거리가 되면서, 1년도 채 안 되어 10만 부 이상 팔려 나가 베스트셀러 리스트에 오르고, 세계 각국에서 번역되어 읽혀지고 있는 피에르 부르디외의 최근 대표작 중 하나이다. 인문사회과학 서적으로서 보기 드문 이같은 성공은, 프랑스 및 세계 주요국의 지적 풍토를 말해 주고 있다. 이처럼 이 책이 독자 대중의 폭발적인 반응과 기자 및 지식인들의 지속적인 반향을 불러일으키는 이유는, 세계적으로 잘 알려진 그의 학자적·사회적 명성 때문이기도 하지만 무엇보다도 언론계 기자·지식인·교양 대중들 모두가 관심을 가질 만한 논쟁적인 내용을 담고 있기 때문이다.

프랑스 [메디치賞] 수상

경제적 공포

비비안느 포레스테[지음]

김주경[옮김]

"우리의 일자리를 가로채 놓고, 그것도 모자라 부끄러운 줄도 모르고 감히 임금 인상까지 요구하다니 !"

아직 일자리를 갖고 있는 사람, 비록 봉급은 얼마 안 되지만 그래도 실직당하지 않고 일하러 다니는 사람을 보면, 〈제거된 지방질〉은 그를 일종의 특혜자로 여긴다. 남의 이익을 가로챈 자가 바로 그 자라고 여기는 것이다. 진짜 특권자들이 한껏 누리고 있는 특혜는 단 한번도 문제삼아 본 일이 없으면서 !

피도 눈물도 없이 냉정하게 퍼져가고 있는 불안감 속에서 떨고 있는 자들 중, 극히 미미한 숫자의 사람들만이 싸구려 일감을 차지하는 혜택을 입게 될 것이다. 그렇다고 해서 그들이 빈곤으로부터 벗어날 수 있는 것은 아니다. 그리고 그외의 사람들은 여전히 모욕감과 박탈감, 그리고 위기감을 동반하는 불안감에 떨고 있게 된다. 어떤 삶은 그 불안감 때문에 단축되기도 할 것이다.

- 착취당할 기회조차 없는 〈쓸모없는 잉여존재〉들.
- 노동의 부재는 神이 내린 은총?
- 〈살아갈 권리〉를 갖기 위해서는 〈살아남을 자격〉이 필요한가?
- 〈추방된 자〉에서 〈배제된 자〉로, 그리고 〈제거된 자〉로.
- 수익성을 올리는 데 이용할 가치가 없는 자들의 삶이 과연 우리 사회에 〈유용〉할까?
- 〈착취〉〈투쟁〉〈계층〉…. 아직도 이런 촌스러운 어휘를 사용하고 있다니!
- 해결책이 없을 수도 있다.
- 신조어 〈고용될 수 있는 능력〉, 〈그럴 듯한 보장〉의 허구성.
- 머지않아 다시 흡수할 것이라고 한없이 되풀이되는 헛된 약속을 믿고 싶어하는 이유.

東文選 現代新書 24

프랑스 [메디시스賞] 수상작

순진함의 유혹

파스칼 브뤼크네르

김웅권 옮김

아무것도 당신을 슬프게 하지 않을 때 불행을 흉내내는 것이 왜 눈살을 찌푸리게 하는가? 그 이유는, 그럼으로써 진정 아무런 혜택도 받지 못한 자들의 위치를 빼앗는 것이기 때문이다. 그런데 후자의 박복한 사람들이 요구하는 것은 제도의 위반도 특권도 아니다. 그것은 단지 다른 사람들처럼 남자이고 여자일 수 있는 권리이다. 바로 여기에 모든 차이가 있는 것이다. 거짓 절망한 사람들은 자신들이 구별되기를 원하고, 평범한 인간과 혼동되지 않기 위해 특권을 요구한다. 그런데 다른 사람들은 단지 인간이 되기 위해 정의를 요구한다. 이것이 바로 그토록 많은 범죄자들이 전혀 양심에 거리낌 없이 범죄를 저지르기 위해, 그리고 더럽지만 무고한 놈이 되기 위해 사형수의 옷을 걸치는 이유이다.

고통을 많이 받는 사람들이 우리 시대에 정통파적으로 생각하는 새로운 사람들일까? 그렇다면 자유와 변덕을 더 이상 혼동해서는 안 될 때가 아닌가? 두려움과 허약함은 우리가 성숙을 거부하기 위해 지불해야 하는 대가인가? 끝으로 다수의 시민들이, 진정으로 혜택받지 못한 자들의 목소리를 덮어 버릴 위험을 무릅쓰고 희생자의 지위를 갈망한다면, 어떻게 민주주의를 유지할 수 있겠는가?

프랙탈 구조로 씌어진 미래 여행 안내서

미래를 원한다

조엘 드 로스네[著]

김덕희 + 문 선[譯]

    미래는 이렇게 준비되어 있다. 앉아서 기다릴 것인가, 창조해 나갈 것인가? 그리고 우리는 무엇을 준비해야 할 것인가?

    정치가들은 10년을 마치 영원한 것처럼 보고 있다. 그들이 말하는 미래는 주로 다음 선거기간에 초점이 맞추어져 있다. 그런 그들에게 우리의 미래를 맡길 수는 없다. 오랫동안 신비한 미래의 지평선처럼 여겨왔던 2000년은 이제 진부한 것이 되어 버렸다. 2100년조차도 현재 진행중인 사업운영적 측면에서 거의 흥미를 끌지 못한다. 다시 말해 100년 앞을 내다보아도 결코 충분치 않다는 말이다.

    미국 MIT대학 교수 및 프랑스 파스퇴르 연구소 응용연구원을 역임한 바 있으며, 현재 프랑스 과학산업단지 국제협력관계 임원인 조엘 드 로스네 박사의 2000년대에 대한 고찰은 과학과 기술 분야를 넘어선다. 그는 미래 세계에 필요한 새로운 정치적·경제적·환경적·문화적 접근을 해보인다. 보다 정당하고 보다 공평한 사회를 건설하기 위해 미래의 학교와 언론·산업은 어떻게 구상되어야 하는가?

    지금의 청소년들의 미래는 어떤 모습이며, 무엇을 가르치고 준비시켜야 할까? 미래 세계를 향한 흥미진진한 여행 안내서로서 미래를 꿈꾸는 자라면 반드시 읽어야 할 필독서!

【주요 내용】

- 새로운 생명기능 출현
- 프랙탈 시간, 프랙탈 지식
- 카오스의 언저리
- 가이아와 사이바이온트의 공생
- 마법의 수정구슬
- 다섯번째 패러다임
- 배운다는 것은 제거한다는 것이다
- 기생경제, 빅 브라더, 전자마약
- 가상현실 : 복제와 편재성
- 역마케팅과 선별마케팅
- 미래의 정부, 미래의 언론
- 지능적 기업, 가상기업

東文選 現代新書 14

사랑의 지혜

알랭 핑켈크로트

권유현 옮김

수많은 말들 중에서 주는 행위와 받는 행위, 자비와 탐욕, 자선과 소유욕을 동시에 의미하는 낱말이 하나 있다. 사랑이라는 말이다. 그러나 누가 아직도 무사무욕을 믿고 있는가? 누가 무상의 행위를 진짜로 존재한다고 생각하는가? '근대'의 동이 터오면서부터 도덕을 논하는 모든 계파들은 어느것을 막론하고 무상은 탐욕에서, 또 숭고한 행위는 획득하고 싶은 욕망에서 유래한다는 설명을 하고 있다.

이 책에서 묘사하는 사랑의 이야기는 타자와 나 사이의 불공평에서 출발한다. 즉 사랑이란 타자가 언제나 나보다 우위에 놓이는 것이며, 끊임없이 나에게서 도망가는 타자로부터 나는 도망가지 못하는 것이다. 그리고 사랑의 지혜란 이 알 수 없고 환원되지 않는 타자의 얼굴에 다가가기 위해 애쓰는 것이다. 저자는 이 책에서 남녀간의 사랑의 감정에서 출발하여 타자의 존재론적인 문제로, 이어서 근대사의 비극으로 그의 철학적 성찰을 이끌어 가기 때문이다. 그러나 우리가 이웃에 대한 사랑을 이상적인 영역으로 내쫓는다고 해서, 현실을 더 잘 생각한다는 법은 없다. 오히려 우리는 타인과의 원초적 관계를 이해하기 위해서, 또 그것에서 출발하여 사랑의 감정뿐 아니라 다른 사람에 대한 미움의 감정까지도 이해하기 위해서, 유행에 뒤진 이 개념, 소유의 이야기와는 또 다른 이야기를 필요로 할 수 있다.

알랭 핑켈크로트는 엠마뉴엘 레비나스의 작품에 영향을 받아서 근대가 겪은 엄청난 집단 체험과 각 개인이 살아가면서 맺는 '타자'와의 관계에 대해서 계속해서 질문을 던진다. 이것은 철학임에 틀림없다. 그렇기는 하지만 구체적인 인물에 의해 이야기로 꾸민 철학이다. 이 책은 인간에 대한 인식의 수단으로 플로베르·제임스, 특히 프루스트를 다루며, 이들의 현존하는 문학작품에 의해 철학을 이야기로 꾸며 나간다.